Thomas Huber

rauten traurig

la langueur des losanges

sad facets

Diese Publikation erscheint zur Wanderausstellung: /
Ce catalogue est publié à l'occasion de l'exposition itinérante : /
This catalog is published in conjunction with the touring exhibition:

Thomas Huber. rauten traurig / Thomas Huber. la langueur des losanges / Thomas Huber. sad facets

Marta Herford, 16. August – 5. Oktober 2008 / 16 août – 5 octobre 2008 / August 16 – October 5, 2008
Carré d'Art – Musée d'art contemporain de Nîmes, 22. Oktober 2008 – 4. Januar 2009 /
22 octobre 2008 – 4 janvier 2009 / October 22, 2008 – January 4, 2009
Kunsthalle Tübingen, 17. Januar – 19. April 2009 / 17 janvier – 19 avril 2009 / January 17 – April 19, 2009

Marta Herford   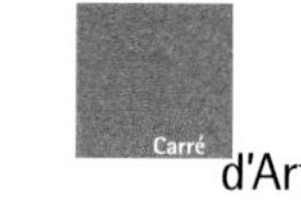   KUNSTHALLE TÜBINGEN

Thomas Huber

rauten traurig

la langueur des losanges

sad facets

Gemälde / Tableaux / Paintings

KERBER ART

Thomas Huber: le métaordre

Les tableaux de Thomas Huber nous transportent dans un monde ordonné, nouvellement construit, dont la signification va au-delà de ce qui est purement perceptible. Ses représentations en perspective d'espaces et de lieux dans un jeu mystérieux d'ombre et de lumière ne reproduisent aucune réalité. L'atelier de l'artiste, les pièces d'habitation, les salles de conférences ou d'expositions semi-publiques et les vues urbaines de la ville imaginaire Huberville présentent des fictions construites avec précision, des lieux abandonnés, parfois peuplés de formes animales ou humaines stylisées. Cette impression de vide et de solitude est renforcée par les nombreux symboles d'une absence de communication – tableaux montrés de dos ou de côté, chevalets vides, alignements de chaises vides et salles d'exposition vides. Des icônes de l'histoire du design comme les lampes sphériques du Bauhaus décorent ces espaces anonymes. En tant qu'icônes, elles ne racontent pas non plus d'histoires personnelles, mais font référence à une histoire culturelle stylisée. Huber superpose des structures constructives et des motifs abstraits à l'espace de l'image comme s'il voulait précisément souligner l'aspect schématique des interprétations collectives. Il « dédouble » en quelque sorte la dimension structurelle propre à l'espace de l'image et centre son travail sur la question de la construction de l'image par l'artiste d'un côté, et par le spectateur de l'autre.

L'œuvre de Thomas Huber renoue avec une longue tradition de la théorie de la représentation dans laquelle elle intervient. Deux tournants de l'histoire de l'art ressortent particulièrement parmi les nombreuses références que l'on trouve dans son travail : d'abord la Renaissance, qui perfectionna la représentation en perspective pour simuler l'espace tridimensionnel, et ensuite l'art de l'abstraction géométrique, qui voyait dans le pur jeu des formes et des couleurs la base de son travail. En choisissant le losange comme élément déterminant de son œuvre, Thomas Huber s'inscrit, du point de vue de l'histoire de l'art, dans la continuité du constructivisme, du suprématisme, de l'art concret et du minimalisme. Avec le motif du losange, il déforme et comprime en quelque sorte le Carré noir de Malevitch, créant ainsi une nuance mélancolique qui trouve sa contrepartie dans l'expérience spatiale de ses tableaux. Avec ses structures et ses motifs constructifs, Huber construit certes

Thomas Huber: Meta-Order

Thomas Huber's paintings transport us to an ordered, reconstructed world, which goes beyond the purely perceptible. His perspective portrayals of spaces and places in the mysterious game of light and shadow do not depict reality. The artist's studio, living space, semi-public lecture halls or exhibition rooms and views of the fantastic city of Huberville show precise, constructed fictional spaces, deserted places which are occasionally animated by stylized human or animal figures. Numerous symbols of the absence of communication, such as paintings which are back-to-front or lying on their sides, empty easels, empty rows of chairs and empty exhibition rooms, amplify the sense of emptiness and loneliness. Design icons such as, e.g., the spherical Bauhaus lamps, decorate these anonymous rooms. As icons, neither do they tell personal stories, but rather make reference to a stylized cultural history. Just as though Huber wishes to highlight the schematic aspect of the collective creation of meaning, he superimposes constructive structures and abstract patterns over the image space. Huber almost "doubles" the structural element of the image space and centers his work on the question of the construction of the image by the artist on the one hand and by the observer on the other.

Thomas Huber's work references a long tradition in the theory of representation, and intervenes in it. In the middle of the numerous references in his work, two turning points in art history particularly stand out. Firstly, the Renaissance, with its perfected perspective representation through the simulation of the three-dimensional space, and secondly the geometric-abstract art which saw the pure interplay of shapes and colors as the basis of its work. In the art-historical continuity of Constructivism, Suprematism, Concrete Art and Minimalism, Thomas Huber selects the rhombus as the element defining the work. Using the rhombus motif, he virtually moves and squeezes Malevich's "Black Square" and thus creates a melancholic nuance which finds its counterpart in the spatial experience of his paintings. Although Huber constructs a Utopian image space with constructive structures and patterns, which allows for the natural "horror vacui" in the emptiness of the rooms, they only make us even more aware of the absence of individuals. The question of a perceptual distance, which must continually be bridged, and the ever-present danger of the failure of an encounter

Thomas Huber: Meta-Ordnung

Die Gemälde von Thomas Huber versetzen uns in eine geordnete, neu konstruierte Welt, die über das rein Wahrnehmbare hinausweist. Seine perspektivischen Darstellungen von Räumen und Orten im mysteriösen Spiel von Licht und Schatten bilden keine Realität ab. Das Künstleratelier, Wohnräume, semiöffentliche Vortragssäle oder Ausstellungsräume und Stadtansichten der fantastischen Stadt Huberville zeigen präzise konstruierte Fiktionen, verlassene Orte, die gelegentlich durch stilisierte menschliche oder tierische Gestalten belebt werden. Zahlreiche Symbole für das Ausbleiben von Kommunikation – wie rückseitig gezeigte oder auf der Seite liegende Gemälde, leere Staffeleien, leere Stuhlreihen und leere Ausstellungsräume – verstärken die Wirkung von Leere und Einsamkeit. Design-Ikonen, wie z. B. die kugelförmigen Bauhauslampen, zieren diese anonymen Räume. Als Ikonen erzählen sie ebenfalls keine persönlichen Geschichten, sondern referieren vielmehr auf eine stilisierte Kulturgeschichte. Gerade so, als ob Huber das Schematische kollektiver Sinnstiftung unterstreichen möchte, überlagert er den Bild-Raum mit konstruktiven Strukturen und abstrakten Mustern. Huber „verdoppelt" quasi das Strukturelle des Bild-Raumes und rückt die Frage der Bildkonstruktion durch den Künstler einerseits und den Bildbetrachter andererseits ins Zentrum seiner Arbeit.

Thomas Hubers Werk knüpft an eine lange Tradition der Bildtheorie an und mischt sich ein. Inmitten der zahlreichen Referenzen in seiner Arbeit treten zwei Wendepunkte der Kunstgeschichte besonders hervor: Erstens die Renaissance mit der perfektionierten, perspektivischen Darstellung zur Simulation des dreidimensionalen Raumes und zweitens die geometrisch-abstrakte Kunst, die das reine Spiel von Formen und Farben als Basis ihrer Arbeit verstand. In der kunstgeschichtlichen Kontinuität des Konstruktivismus, des Suprematismus, der konkreten Kunst und des Minimalismus wählt Thomas Huber die Raute zum Werk bestimmenden Element. Mit dem Rauten-Motiv verschiebt und verengt er quasi das „Schwarze Quadrat" von Malewitsch und schafft damit eine melancholische Nuance, die in der Raumerfahrung seiner Gemälde ihre Entsprechung findet. Zwar baut Huber mit den konstruktiven Strukturen und Mustern einen utopischen Bildraum auf, der dem natürlichen „Horror vacui" in der Leere der Räume Rechnung trägt, aber sie lassen uns die Abwesenheit von Individuen nur noch deutlicher wahrnehmen. Die Frage einer stets zu überbrückenden Distanz der Wahrnehmung und die permanent anwesende Gefahr des Scheiterns einer Begegnung zwischen Künstler und Betrachter wird zum existentiellen Thema seiner Arbeit: „Das Bild ist ein uneinlösbares Versprechen, es ist eine wehmütige, eine traurige Sache" (Thomas Huber).

Der 1955 in der Schweiz geborene Thomas Huber zählt zu einer von der Konzeptkunst geprägten Künstlergeneration und erhielt bereits in den 80er Jahren internationale Anerkennung für sein Werk. Bis heute konfrontiert der Künstler die Betrachter mit existentiellen Fragen der Kunst, ihrer Rezeption und ihrer Funktion in der Gesellschaft (vgl. dazu den Essay von Wolfgang Ullrich in diesem Katalog). Indem Huber dem Publikum seine Werke in Bilderöffnungsreden präsentiert, schafft er einen

un espace de l'image utopique qui tient compte de l'*horror vacui* naturelle suscitée par le vide des pièces, mais ces structures et ces motifs nous font seulement percevoir encore plus clairement l'absence des individus. La question de la distance que doit toujours franchir la perception et le risque permanent d'un échec lors de la rencontre entre l'artiste et le spectateur deviennent les thèmes existentiels de son travail : « L'image est une promesse qu'on ne peut pas tenir, c'est une chose triste, mélancolique. » (Thomas Huber)

Né en Suisse en 1955, Thomas Huber fait partie d'une génération d'artistes influencés par l'art conceptuel, et son travail est internationalement reconnu depuis les années 1980. Jusqu'à aujourd'hui, Huber confronte le spectateur aux questions touchant à l'existence de l'art, à l'accueil qui lui est réservé et à son rôle au sein de la société (voir à ce sujet l'essai de Wolfgang Ullrich dans ce catalogue). En présentant ses œuvres au public lors de ce qu'il appelle des discours devant le tableau, Thomas Huber lui donne une occasion d'aller à leur rencontre, et ses textes philosophiques et poétiques confèrent une forme tangible à l'espace de l'image comme espace de signification et à la profondeur de l'image comme profondeur de sens.

Dans ses sujets, Thomas Huber relie les domaines souvent artificiellement séparés de l'architecture, du design et de l'art. Son œuvre est en cela exemplaire de la démarche interdisciplinaire du Marta Herford et trouve dans l'architecture de Lord Norman Foster à Nîmes et les espaces modernes et clairs de la Kunsthalle de Tübingen un cadre de présentation idéal. L'exposition *Thomas Huber. la langueur des losanges* présente une cinquantaine d'œuvres réalisées par l'artiste suisse au cours des cinq dernières années. À côté des peintures, les aquarelles, légères et lumineuses, constituent un deuxième pôle de l'exposition. La publication que vous tenez entre vos mains, dont l'aspect fait merveilleusement penser à un ouvrage littéraire, est consacrée aux tableaux architecturaux et constructifs présentés dans l'exposition. Parallèlement, l'édition spéciale du facsimilé d'un carnet de croquis avec des aquarelles de l'artiste rend hommage à leurs qualités picturales et sensuelles.

Après le Marta Herford, l'exposition *Thomas Huber. la langueur des losanges* sera présentée à Carré d'Art – Musée d'art contemporain de Nîmes du 22 octobre 2008 au 4 janvier 2009,

between artist and observer becomes the existential theme of his work. "The image is an irredeemable promise, it is a melancholy, sad thing" (Thomas Huber).

Thomas Huber, born in 1955 in Switzerland, belongs to a generation of artists which was strongly influenced by Concept Art and received international recognition for his work as early as the 1980s. Even today, the artist still confronts observers with existential questions on art, its reception and its social function (see the essay by Wolfgang Ullrich in this catalog). By presenting his works to observers in image-opening speeches Huber creates a reason to encounter the works and in his philosophical-poetic essays he gives tangible form to the image space as a space of meaning and the image depth as depth of meaning.

In his motifs, Thomas Huber combines the fields of architecture, design and art, which are frequently artistically separated. In this way, his work is an example of Marta Herford's interdisciplinary concept and is also ideally framed both by Lord Norman Foster's architecture in Nîmes and the modern clarity of the rooms in Tübingen. The exhibition *Thomas Huber. sad facets* shows approximately 50 works by the Swiss artist from the past five years. Alongside the paintings, the light, bright watercolors are a second focal point. This seemingly wonderfully literary publication is devoted to the architectural-constructive paintings which are on display in the exhibition. In order to take into account the painterly and sensory quality of the watercolors, it is simultaneously accompanied by a special facsimile edition of an original sketchbook with watercolors by the artist.

Following the show at the Marta Herford, the exhibition *Thomas Huber. sad facets* will be shown at two further stations, namely the Carré d'Art – Musée d'art contemporain de Nîmes from October 22, 2008 – January 4, 2009 and then at the Kunsthalle Tübingen from January 17, 2008 – April 19, 2009. First of all, we would like to thank the artist Thomas Huber, who despite his move to Berlin invested so much time and energy in this project. Our sincere thanks also go to the lenders for their willingness to spare the wonderful works for the entire duration of the exhibition. Further, we wish to thank the graphic artist Claudia Ott and Kerber Verlag Bielefeld for the excellent publications. The museum teams also made a significant contribution to the success of

Anlass zur Begegnung mit den Werken, und in seinen philosophisch-poetischen Texten lässt er den Bild-Raum als Bedeutungs-Raum und die Bild-Tiefe als Sinn-Tiefe erfahrbar werden.

Thomas Huber verbindet in seinen Motiven die oftmals künstlich getrennten Bereiche Architektur, Design und Kunst. Damit ist sein Werk für das interdisziplinäre Konzept des Marta Herford exemplarisch, und es findet auch in der Architektur von Lord Norman Foster in Nîmes sowie in der modernen Klarheit der Räume in Tübingen einen ideal geeigneten Rahmen. Die Ausstellung *Thomas Huber. rauten traurig* zeigt zirka fünfzig Werke des Schweizer Künstlers aus den vergangenen fünf Jahren. Dabei bilden neben der Malerei die leichten, lichtdurchfluteten Aquarelle einen zweiten Schwerpunkt. Die vorliegende, wunderbar literarisch anmutende Publikation widmet sich den architektonisch-konstruktiven Gemälden, die in der Ausstellung zu sehen sind. Um der malerisch-sinnlichen Qualität der Aquarelle Rechnung zu tragen, erscheint zeitgleich dazu eine besondere Faksimile-Edition eines Original-Skizzenbuches mit Aquarellen des Künstlers.

Die Ausstellung *Thomas Huber. rauten traurig* wird im Anschluss an die Ausstellung im Marta Herford an zwei weiteren Orten gezeigt – zuerst im Carré d'Art – Musée d'art contemporain de Nîmes, 22. Oktober 2008 – 4. Januar 2009 und anschließend in der Kunsthalle Tübingen, 17. Januar – 19. April 2009. Wir bedanken uns zu allererst bei dem Künstler Thomas Huber, der trotz seines Umzuges nach Berlin so viel Zeit und Energie in dieses Projekt gesteckt hat. Unser herzlicher Dank gilt auch den Leihgebern für Ihre Bereitschaft, die wunderbaren Werke für die gesamte Dauer der Ausstellung zu entbehren. Außerdem bedanken wir uns bei der Grafikerin Claudia Ott und beim Kerber Verlag Bielefeld für die sehr gelungenen Publikationen. Auch die Museumsteams haben durch die engagierte Organisation und Realisierung des Projekts zu seinem Erfolg wesentlich beigetragen. Zum Schluss richtet sich unser herzlicher Dank an alle Sponsoren für ihre freundliche Unterstützung sowie an den Ministerpräsidenten des Landes Nordrhein-Westfalen und die Pro Helvetia – Schweizer Kulturstiftung – für die großzügige Förderung, ohne die das Projekt in dieser Form nicht zustande gekommen wäre. Vielen herzlichen Dank!

Jan Hoet – Künstlerischer Direktor Museum Marta Herford
Françoise Cohen – Ditrektorin Carré d'Art – Musée d'art contemporain de Nîmes
Martin Hellmold – Geschäftsführender Kurator Kunsthalle Tübingen

puis à la Kunsthalle Tübingen du 17 janvier au 19 avril 2009. Nous remercions en premier lieu l'artiste Thomas Huber, qui a investi un temps et une énergie considérables dans ce projet malgré son déménagement à Berlin. Nous tenons aussi à remercier les collectionneurs qui ont bien voulu nous prêter ces œuvres magnifiques pour la durée de toute l'exposition. Nos remerciements s'adressent également à la graphiste Claudia Ott et à l'éditeur Kerber Verlag Bielefeld pour cette publication très réussie. Ce projet n'aurait bien sûr pas pu aboutir sans l'engagement des équipes des musées responsables de son organisation et de sa réalisation. Nous aimerions enfin remercier tous les sponsors de leur soutien ainsi que le Ministre-Président du Land de Rhénanie du Nord-Westphalie et Pro Helvetia, la Fondation suisse pour la culture, de leur aide généreuse, sans laquelle ce projet n'aurait jamais pu voir le jour.
À toutes et tous un grand merci !

Jan Hoet – Directeur artistique Musée Marta Herford
Françoise Cohen – Directrice de Carré d'Art – Musée d'art
contemporain de Nîmes
Martin Hellmold – Commissaire responsable Kunsthalle Tübingen

the project with their committed organization and involvement. Finally, we wish to sincerely thank all our sponsors for their friendly support and the Minister President of the State of North Rhine-Westphalia and Pro Helvetia Schweizer Kulturstiftung for their generous support, without which the project in this form would not have been possible.
Thank you very much.

Jan Hoet - Artistic Director Museum Marta Herford
Françoise Cohen - Director Carré d'Art – Musée d'art
contemporain de Nîmes
Martin Hellmold - Managing curator Kunsthalle Tübingen

Markt und Reproduktion: Wo Kunst glänzen darf

Marché et reproduction : là où l'art peut briller

Market und Reproduction: Where art is allowed to shine

Wolfgang Ullrich

1 Thomas Huber : *Das Bild. Texte 1980-1992*, Hanovre. 1992, p. 269.
2 id., p. 185.
3 Wilhelm Heinrich Wackenroder / Ludwig Tieck :
Herzensergießungen eines kunstliebenden Klosterbruders (1797),
Stuttgart. 1997, p. 71.
4 cf. Kunstverein Braunschweig (éd.) : *Thomas Huber. Ideale
Bildtemperatur*, éditions Jürgen Häusser, Darmstadt, 1994, publié
à l'occasion de l'exposition du même nom présentée en 1994 à la
Kunstverein Braunschweig, à la Stadtgalerie Saarbrücken et
à La Criée, Rennes.

1 Thomas Huber: *Das Bild. Texte 1980-1992*, (Hanover, 1992), p.269.
2 Ibid., p. 185
3 Wilhelm Heinrich Wackenroder / Ludwig Tieck:
Herzensergießungen eines kunstliebenden Klosterbruders
(1797; Stuttgart, 1997), p. 71f.
4 See Kunstverein Braunschweig (ed.): *Thomas Huber. Ideale
Bildtemperatur*, (Verlag Jürgen Häusser, Darmstadt, 1994), which
was published on the occasion of the exhibition of the same
name in 1994 at Kunstverein Braunschweig, in Stadtgalerie
Saarbrücken and in La Criée, Rennes, France.

Certaines phrases de Thomas Huber sont si belles et si surprenantes qu'on les médite comme des fragments présocratiques. « La photographie est le musée idéal[1] », dit l'une d'elles. « Le marché crée un lieu pour les tableaux[2] », dit une autre. L'observation selon laquelle le marché remplit la fonction « autrefois attribuée au musée » vient compléter cette deuxième déclaration, alors que la première phrase nous apprend que pour Huber, les reproductions des œuvres dans les magazines et les livres constituent un lieu privilégié pour l'art. Ces phrases expriment donc toutes deux un scepticisme à l'égard de la forme du musée traditionnel, mais elles nous indiquent surtout quels sont les endroits, selon Thomas Huber, où l'art a vraiment lieu, à savoir dans les reproductions et sur les places du marché.

Le public bourgeois de l'art cultivé et dévot n'entend pas volontiers ce genre de choses. Il croit en effet à la force des originaux et méprise l'argent, attaché qu'il est à l'idée du musée. Il ne cite rien plus volontiers que la plainte et l'appel formulés par Wackenroder en 1797 : « Les salles d'exposition de peinture sont considérées comme des foires où l'on juge, loue et dédaigne les nouvelles marchandises en passant ; alors qu'elles devraient être des temples où l'on aimerait admirer les grands artistes dans une humilité réservée et silencieuse et se réchauffer à l'éclat solaire des pensées et des sensations les plus ravissantes nées de la longue contemplation immobile de leurs œuvres[3]. »

Ce pouvoir calorifique de l'art est aussi important pour Thomas Huber, qui a même mis spécialement au point un procédé permettant de mesurer la température d'un tableau.[4] Il est toutefois persuadé que pour briller et ravir, un tableau a besoin d'une référence claire, que le marché lui confère en même temps que sa valeur marchande. Son prix fait alors office de critère permettant des comparaisons et situe l'œuvre dans une hiérarchie. Plus encore : le prix postule une valeur. On considère par conséquent tout autrement un même objet selon la manière dont il est étiqueté. Le prix permet de régler la perception : plus il est élevé, plus on manifeste de respect et d'attention envers l'objet en question. Un prix élevé suscite même admiration et vénération. Il fait briller, comme un vernis.

En tant que lieu où les œuvres d'art ont un prix, le marché joue bien un rôle semblable au musée et au « white cube ».

Many of Thomas Huber's phrases are so surprising and fine that one finds oneself contemplating them as if they were pre-Socratic phrases. To quote one of his phrases: "Photography is the ideal museum."[1] And another: "The market creates a place for the pictures."[2] A further remark completes this phrase by saying that the market has taken over the function "that in former times was performed by the museum." In combination with the first phrase it becomes clear that Huber sees the printing or reproduction of artworks in magazines and books as a preferential place for art. Both phrases reveal a certain scepticism towards the conventional form of the museum. Above all both phrases highlight what Huber believes the places are where art actually happens: in reproductions and emporia.

Though an art-reverent educated bourgeoisie is not fond of hearing such things. It believes in the power of genuine original, despises mammon and stays attached to the concept of museum. There is hardly a quote so willingly cited as Wackenroder's 1797 complaint and appeal: "Picture halls are treated like fairgrounds, where the new goods are evaluated, appraised and disregarded when passing by. They should instead be temples where in silent adoration we are humbled by the great artists. Through meditation on their works one should be warmed by the sunshine of the enchanting thoughts and sentiments they bring forth."[3]

The warmth of art is also important to Thomas Huber. He has invented a method that measures the temperature of a picture.[4] His conviction though, is that a picture needs a clear reference in order to shine and enchant. This arises not least on the market, when the artwork is weighed and becomes a product. Its price serves as a yardstick and gives it a ranking. Moreover: Every price is a postulation of the piece's value. For this reason the same object, if labelled differently, is contemplated quite differently. Perception is regulated through price: The higher the price, the more respect and attention is given to the particular object. A high price can even stir up admiration and awe. Like varnish it creates the shine.

So the market, in being a place where artworks are priced, does play a similar role to the museum and the white cube. Simply being placed in a museum hall can raise the object to the status of art and a high market price can turn a

[1] Thomas Huber: *Das Bild. Texte 1980-1992*, Hannover 1992, S. 269.
[2] Ebd., S. 185.
[3] Wilhelm Heinrich Wackenroder / Ludwig Tieck:
     Herzensergießungen eines kunstliebenden Klosterbruders
     (1797), Stuttgart 1997, S. 71f.
[4] Vgl. Kunstverein Braunschweig (Hg.): *Thomas Huber.
     Ideale Bildtemperatur,* Verlag Jürgen Häusser, Darmstadt, 1994,
     erschienen zur gleichnamigen Ausstellung 1994 im Kunstverein
     Braunschweig, in der Stadtgalerie Saarbrücken und im La Criée,
     Rennes.

Viele Sätze Thomas Hubers sind so schön und überraschend, dass man ihnen wie Fragmenten der Vorsokratiker nachsinnt. Einer dieser Sätze lautet: „Das ideale Museum ist die Photographie."[1] Und ein anderer: „Der Markt bereitet den Bildern einen Ort."[2] Dieser Satz wird noch um die Bemerkung ergänzt, der Markt nehme die Aufgabe wahr, „die ehedem dem Museum zugedacht war", während aus dem Zusammenhang des ersten Satzes klar wird, dass Huber in den Abbildungen der Werke in Zeitschriften und Büchern einen bevorzugten Ort der Kunst sieht. So drückt sich in beiden Sätzen eine Skepsis gegenüber der herkömmlichen Form des Museums aus. Beide Sätze verraten aber vor allem, wo sich die Kunst nach Meinung Thomas Hubers tatsächlich ereignet: in Reproduktionen und an Handelsplätzen.

Ein bildungsbürgerlich-kunstfrommes Publikum hört solcherlei jedoch nicht gerne. Es glaubt nämlich an die Kraft der Originale und verachtet den Mammon, hängt also an der Idee des Museums. Und es zitiert kaum etwas so gerne wie die Klage sowie den Appell Wackenroders aus dem Jahr 1797: „Bildersäle werden betrachtet als Jahrmärkte, wo man neue Waren im Vorübergehen beurteilt, lobt und verachtet; und es sollten Tempel sein, wo man in stiller und schweigender Demut (...) die großen Künstler (...) bewundern und mit der langen, unverwandten Betrachtung ihrer Werke in dem Sonnenglanze der entzückendsten Gedanken und Empfindungen sich erwärmen möchte."[3]

Dass Kunst erwärmt, ist auch Thomas Huber wichtig, hat er doch sogar eigens ein Verfahren zur Messung der Bildtemperatur entwickelt.[4] Allerdings braucht ein Bild, so seine Überzeugung, eine klare Referenz, um zu glänzen und zu entzücken. Diese ergibt sich nicht zuletzt am Markt, wenn das Werk zur Ware und in Geld aufgewogen wird. Sein Preis fungiert dann als Maßstab, schafft Vergleichbarkeiten, ja ordnet es in eine Rangordnung ein. Und noch mehr: Jeder Preis ist ein Wertpostulat. Daher wird dieselbe Sache, ist sie unterschiedlich etikettiert, auch ganz anders betrachtet. Über den Preis lässt sich die Wahrnehmung regulieren: Je höher der Preis, desto mehr Respekt und Aufmerksamkeit wird dem jeweiligen Objekt entgegengebracht. Ein hoher Preis erregt sogar Bewunderung und Ehrfurcht. Er bringt zum Glänzen. Er ist wie Firnis.

Damit aber spielt der Markt als der Ort, an dem Kunstwerke Preise haben, tatsächlich eine ähnliche Rolle wie das Museum und der „white cube". Wie etwas allein dadurch den Status von Kunst beanspruchen kann, dass es in einem Museumsraum platziert ist, vermag ein hoher Marktpreis ebenfalls aus einem sonst kaum wahrgenommenen Stück eine Sensation, ja ein Meisterwerk zu machen. Doch während das Museum und der „white cube" nur dadurch ein Wertpostulat erheben und das Präsentierte seiner Profanität entkleiden können, dass sie es freistellen und isolieren, ja zum Exponat – zum Exponierten – machen, schafft ein hoher Preis – im Gegenteil – neue Bezüge: Das damit Ausgezeichnete ist in der universalen Sprache des Geldes taxiert und insofern mit allem zu verrechnen, das ebenfalls einen Preis hat. Überhöht das Museum die Bedeutung eines Werks also durch Verfremdung – Dekon-

[5] Thomas Huber, loc. cit. p.302, p. 267.
[6] Thomas Huber: « Hier wird ein Machtkampf inszeniert », in: *Die Welt,* 18 août 2001, cité par Jean-Hubert Martin (éd.): *Künstlermuseum,* Düsseldorf, 2002, p. 192.

De même qu'il suffit qu'un objet soit placé dans un espace muséal pour pouvoir prétendre au statut d'œuvre d'art, de même un prix élevé sur le marché peut permettre à une pièce qui aurait été à peine aperçue de faire sensation, voire de devenir un chef-d'œuvre. Or, pour établir un postulat de valeur en dépouillant l'objet présenté de son caractère profane, le musée et le « white cube » doivent le mettre en avant, l'isoler, bref, en faire un objet exposé, tandis qu'un prix élevé crée, au contraire, de nouveaux rapports, puisque la chose étiquetée est estimée dans le langage universel de l'argent et peut se traduire pécuniairement à l'instar de tout ce qui a aussi un prix. Ainsi, alors que le musée augmente l'importance d'une œuvre par sa mise à distance – par sa décontextualisation –, le marché crée l'admiration en offrant un objet à un prix plus élevé qu'un autre, le faisant ainsi apparaître comme particulièrement important.

Pour Thomas Huber, le marché l'emporte donc sur le musée et surtout sur le « white cube », dont l'isolement est « destructif », puisque l'œuvre exposée « renonce à ses rapports, perd son contexte et qu'il devient finalement impossible d'en juger[5].» Si elle brille, c'est d'un reflet mystérieux, né de sa mise à distance, et non d'un rayonnement qui s'impose et se constitue en comparaison à d'autres œuvres. « Toute forme de présentation muséale d'une œuvre (...) la fausse par principe[6]. »

S'ils ne l'expriment pas aussi clairement que Thomas Huber, d'autres semblent pourtant réaliser que l'isolement des objets exposés est problématique, qu'il les dénature, et ils veulent lui opposer autre chose. Ces dernières années, on constate ainsi qu'il est presque toujours question d'argent dans les textes consacrés à l'art, et ce jusque dans la critique artistique des journaux, alors qu'il en allait tout différemment par le passé. Les journalistes qui écrivent des articles à propos des expositions et, à plus forte raison, les auteurs qui jugent de l'œuvre d'un artiste citent volontiers les prix de ses travaux dans les galeries ou ceux qu'ils ont atteints lors de ventes aux enchères. Il en va de même pour les grands artistes déjà décédés, dont les critiques soulignent l'importance en indiquant de préférence les sommes considérables payées pour leurs œuvres. Plus clair et moins sujet à malentendu, un chiffre élevé semble pouvoir mieux exprimer la valeur qu'une prose, aussi précise soit-elle : quelques informations

formally unnoticed piece into a sensation and even a masterpiece. However, while the museum and the white cube can merely postulate value by stripping the presented object of its profanity, and by indemnifying and isolating it; by turning it into an exhibit, the high price can (by contrast) spawn a new point of view: The thus distinguished artwork is valued by the universal language of money and can therefore be set off against anything else that has been appraised by its price. While the museum reinforces the meaning of a work by alienating it, that is by removing it from its original context, the market creates admiration by offering something for a higher price than something else, and thus making it seem all the more significant.

For this reason the market is superior to both the museum and specifically the white cube. According to Huber the isolation of a museum has a "destructive" effect, because there the exhibited piece "sheds its references, loses its context, and thus becomes unverifiable."[5] It merely glistens and glimmers in a puzzling way by dint of having been extracted from context. But it does not shine in a way which proves and constitutes the value in comparison with other pieces. "Any type of presentation of a work in a museum (...) principally falsifies that work."[6]

Without expressing it as clearly as Huber, others also seem to sense the falsifying and problematic isolation of the exhibited pieces and seem to want to oppose this. It has become obvious that unlike in the past over the last few years (even in reviews) money has often been a theme in discussions of art. More than ever, reviewers and specifically authors who pass judgement on an artist's oeuvre, like to mention the price that galleries have put on the pieces or the amount that they attracted in an auction. Even the artists who have passed away and are part of the canon are appreciated by art critics in terms of the high sums their works attracts. A large price tag seems to illustrate the picture's value better, more clearly and with less room for misunderstanding than precise prose. All those often pompous, complicated and unverifiable verbal assertions (qua descriptions of the artwork's specific qualities) can be avoided simply by mentioning a price.

Today, it is part of the art public's general education to know the price of a piece by Pollock or a Rothko, by Damien

[5] Thomas Huber, op. cit., (fn. 1), p. 302, p. 267.
[6] His: "Hier wird ein Machtkampf inszeniert," in: *Die Welt,* (August 18, 2001), quoted from Jean-Hubert Martin (ed.): *Künstlermuseum,* (Düsseldorf, 2002), p. 192.

5 Thomas Huber, a.a.O. (Anm. 1), S. 302, 267.
6 Ders.: „Hier wird ein Machtkampf inszeniert", in: *Die Welt*
vom 18. August 2001, zit. nach: Jean-Hubert Martin (Hg.):
Künstlermuseum, Düsseldorf 2002, S. 192.

textualisierung –, so schafft der Markt Bewunderung, indem er etwas zu einem höheren Preis anbietet als anderes und es gerade so als besonders bedeutsam erscheinen lässt. Daher ist der Markt für Thomas Huber dem Museum und vor allem dem „white cube" überlegen. Dessen Isolation sei nämlich „zerstörerisch", weil das exponierte Werk darin „seine Bezüge aufgibt, seinen Kontext verliert und schließlich unüberprüfbar wird".[5] Wenn es glänzt, dann ist es nur ein rätselhaftes Schimmern, das durch die Verfremdung entsteht, aber kein Strahlen, das sich im Vergleich mit anderem bewährt und sogar erst konstituiert. „Jede Weise der Präsentation eines Werkes im Museum (...) verfälscht also im Prinzip dieses Werk."[6]

Ohne es so klar auszudrücken wie Thomas Huber, scheinen auch andere die problematisch-verfälschende Isolation der Exponate zu spüren und ihr etwas entgegensetzen zu wollen. So fällt auf, dass in den letzten Jahren – und ganz anders als früher – bis in die Feuilleton-Kritik hinein fast immer auch von Geld die Rede ist, wenn über Kunst geschrieben wird. Rezensenten von Ausstellungen und erst recht Autoren, die über das Œuvre eines Künstlers urteilen, erwähnen gerne die Preise, die Arbeiten in Galerien kosten oder auf Auktionen erbracht haben. Selbst bei Künstlern, die bereits tot sind und zum Kanon zählen, belegen Kunstkritiker deren Bedeutung bevorzugt mit der Nennung hoher Summen, die für einzelne Werke gezahlt werden. Eine große Zahl scheint den Wert besser, klarer und weniger missverständlich auszudrücken als genaue Prosa: All das komplizierte und oft verquaste, seinerseits unüberprüfbare verbale Ansinnen – die Beschreibung der spezifischen Qualitäten eines Werks – spart man sich mit ein paar Preisangaben.

Mittlerweile gehört es sogar schon zur Allgemeinbildung des Kunstpublikums, zu wissen, was ein Pollock oder Rothko, ein Gerhard Richter oder Damien Hirst kosten. Der Preis vieler Werke ist also beinahe so bekannt wie die Namen ihrer Schöpfer oder ihre Titel, ja all diese Angaben sind inzwischen sogar als wesentliche Bestandteile eines Kunstwerks anzusehen. Befanden sich die meisten Werke im Mittelalter noch in streng rituellen Zusammenhängen, die ihnen ihre Bedeutung zuwiesen und die Art ihrer Wahrnehmung bestimmten, so übernahmen mit der wachsenden Autonomie der Kunst jene Angaben – Name, Titel, Preis – dieselbe Funktion. Als die Kunst in der Renaissance in Privathäuser Einzug hielt, war es nicht länger egal, wer Urheber eines Bildes oder einer Skulptur war. Nun musste ein möglichst berühmter Künstlername – ein Markenzeichen – garantieren, dass man das jeweilige Werk mit besonderer Wertschätzung betrachtete und es nicht in der Profanität des Alltags unterging.

Viel später, am Ende des 19. Jahrhunderts, entdeckten verschiedene Künstler wie etwa James Whistler oder Odilon Redon, dass sie auch mit einem gut gewählten Werktitel Einfluss auf die Wahrnehmung nehmen und so – relativ einfach – zusätzliche Bedeutsamkeit, ja einen höheren Kunstwert erzeugen konnten. Gerade in einer Zeit, in der Kunst immer häufiger von vornherein für das Museum und den „white cube" geschaffen wurde, boten Titel die Chance, die Isolation des Werks zu mildern.

sur le prix permettent de faire l'économie d'un texte exigeant, compliqué et souvent confus, décrivant les qualités spécifiques d'une œuvre.

Savoir combien coûte un Pollock, un Rothko, un Gerhard Richter ou un Damien Hirst, est devenu entre-temps une connaissance relevant de la culture générale du public s'intéressant à l'art. Le prix de nombreuses œuvres est donc presque aussi connu que leur titre ou le nom de leur auteur, toutes ces informations étant désormais à envisager comme des composantes essentielles d'une œuvre d'art. Au Moyen Âge, la plupart des œuvres existaient dans le contexte de rituels stricts qui leur conféraient un sens et déterminaient la façon de les percevoir. Avec l'autonomisation croissante de l'art, cette fonction est désormais assurée par des informations comme le nom, le titre et le prix. À l'époque de la Renaissance, quand l'art fit son entrée dans les maisons particulières, l'auteur d'un tableau ou d'une sculpture n'était plus indifférent. Telle une marque de fabrique, un nom d'artiste si possible célèbre devait garantir que l'œuvre fasse l'objet d'une estime particulière et ne disparaisse pas dans le monde profane du quotidien.

Bien plus tard, à la fin du XIXᵉ siècle, divers artistes comme James Whistler ou Odilon Redon découvrirent qu'un titre bien choisi permettait d'influencer la perception d'une œuvre et de lui conférer une signification supplémentaire, voire une plus grande valeur artistique. À une époque où l'art était de plus en plus souvent conçu d'emblée pour le musée et le « white cube », les titres offraient une chance de diminuer l'isolement de l'œuvre en créant des associations et par là même, des liens entre cette dernière et le monde du public.

L'indication du prix crée un lien supplémentaire et semble être le moyen le plus récent d'empêcher que l'art ne soit par trop dénué de lieu de référence. Lorsqu'en 1937, les Nazis inscrirent les prix à côté de certaines œuvres diffamées présentées dans le cadre de l'exposition *Entartete Kunst* (de l'art dégénéré), l'intention était encore polémique. Comme ces indications dataient le plus souvent de l'inflation, les prix semblaient démesurément surestimés, d'autant que d'autres sommes étaient beaucoup plus basses (selon que les œuvres avaient été achetées avant ou après l'inflation), ce qui donnait l'impression que la valeur de l'art était tout à fait arbi-

Hirst or Gerhard Richter. The price of many art pieces is almost as well known as the name of its creator or the title. These details have by now become essential elements of a piece of art. Whereas in the Renaissance most artworks were part of a strictly religious context that gave them their individual meaning and determined the manner in which they were perceived, nowadays, through the growing autonomy of art, the name, the title and the price have donned the same function. While during the Renaissance art found its way into private homes, it was no longer unimportant who the creator of the picture or the sculpture was. As then a preferably well-known name – a trademark – of an artist guarantied that an eminently appraised piece of art wouldn't go under in the profanity of every day life.

Much later, at the end of the 19th century, various artists such as James Whistler or Odilon Redon discovered that through a well-chosen title for their works they were able to influence the public perception and in doing so (relatively easily) achieve greater importance, indeed even a higher artistic value. Especially in a time when art was increasingly created for the museum and the white cube in the first place, the title offered an opportunity to lessen the artwork's isolation. Through it, connotations were created such as to connect the pieces and the recipients' world.

The naming of price forges a further link and seems to be the latest way of preserving the art from "homeless". In 1937, the Nazis wrote the original prices beside the defamed artworks during the notorious exhibition of *Degenerate Art*. This was done for polemical purposes. Since most of the prices had been set during the days of hyperinflation, they appeared excessively inflated, and while other exhibits had been priced outside of this period and attracted a far smaller amount, the additional impression was made that the worth of art was entirely arbitrary. It seemed that it didn't actually have a comprehensible worth and, depending on the bargainers' skills, the price was set high or low.

While at that time the pricing was displayed in order to confuse the audience and foster resentment of the art world, one might imagine that henceforth museums and galleries will in future state not only the usual information but also the current market value of the pictures. In doing so the viewers marvel even more. As a piece of art will attract all the

Mit ihnen wurden Assoziationen erzeugt – und damit Verbindungen zwischen dem Werk und der Welt des Rezipienten.

Die Nennung des Preises schafft noch eine weitere Anbindung und scheint das jüngste Mittel zu sein, um Kunst davor zu bewahren, zu ortlos zu sein. Als die Nationalsozialisten 1937 bei der Ausstellung *Entartete Kunst* neben einige der diffamierten Werke die Preise schrieben, die sie gekostet hatten, geschah dies noch in polemischer Absicht. Da es sich meist um Angaben aus der Inflationszeit handelte, erschienen die Preise nämlich maßlos überhöht, doch da auf einzelnen Schildern auch sehr viel niedrigere Summen standen (sofern die Werke vor oder nach der Inflation gekauft waren), entstand zudem der Eindruck, der Wert von Kunst sei etwas gänzlich Willkürliches, ja diese habe eigentlich gar keinen nachvollziehbaren Wert und werde nur, je nach Geschick des Händlers, zu mehr oder weniger überzogenen Preisen offeriert.

Wurde die Nennung von Preisen hier also dazu genutzt, das Publikum zu verunsichern und Ressentiments gegenüber dem Kunstbetrieb zu nähren, könnte man sich vorstellen, dass Museen und Ausstellungshäuser künftig neben den üblichen Angaben ebenso den aktuellen Marktwert der gezeigten Werke vermerken, um die Besucher noch etwas mehr zum Staunen zu bringen. Wenn sich bei jedem Exponat ausrechnen ließe, wie viele Einfamilienhäuser, Sportwägen oder Laptops man dafür bekäme, würde man mit neuer Aufmerksamkeit auf die Werke blicken. Und wenn in Museen alles ebenso mit einem Preisschild versehen wäre wie im Kaufhaus, fiele es den Menschen vermutlich auch leichter, zu einem Urteil über einzelne Exponate zu gelangen: Der Preis als Maßstab hilft dabei, das Gesehene einzuordnen, ja die eigene Empfindung mit dem jeweils erhobenen Wertpostulat abzugleichen.

Auf vielen seiner Bilder zeigt Thomas Huber die Isolation, in die der moderne Ausstellungsraum die vereinzelten Werke bringt. Oft wirken diese verloren oder bis ins Bizarre verfremdet. Die „Cleanheit" der Räume schüchtert ein und vermittelt das Gefühl, man selbst sei ein unreiner Fremdkörper. Entsprechend sieht man in den Ausstellungsräumen, die Huber malt, kaum einmal Menschen. Höchstens ein einzelner – letzter? – Besucher steht steif oder sitzt verlegen und klein inmitten monströser Werke. Manchmal sind die Räume noch mit ein paar Gegenständen ausgestattet: Ein Tisch verheißt eine größere Gesellschaft, die sich um ihn versammeln könnte, ist aber verlassen, dies ein Hinweis darauf, dass in einem „white cube" gar keine Konversation stattfindet, das gemeinschaftsbildende Potential der Kunst also ungenutzt bleibt. Oder ein Zeigestab lehnt an der Wand, doch ist niemand da, der ihn greifen und so die Zeigekraft der Kunst wirksam werden lassen könnte. Immer wieder malt Thomas Huber auch Stühle und Bänke. Sie bleiben jedoch ebenfalls meist leer, deuten als Platzhalter nur an, wie viele Menschen sich in einem der Kunst gewidmeten Raum aufhalten und in aller Ruhe der Betrachtung der Werke widmen könnten.

[7] See his, op. cit., (fn. 1), p. 266.

traire, qu'il n'avait pas de valeur compréhensible et qu'il était seulement offert à des prix plus ou moins excessifs selon l'habileté du marchand.

Alors qu'ici, l'indication du prix devait servir à désorienter le public et à nourrir ses ressentiments envers le monde de l'art, on pourrait s'imaginer que pour étonner encore davantage les visiteurs, les musées et les lieux d'exposition indiquent dorénavant la valeur marchande actuelle des œuvres exposées à côté des informations habituelles. Si on pouvait calculer combien de villas, de voitures de sport ou d'ordinateurs portables on pourrait acheter pour le prix de chaque pièce exposée, on considérerait les œuvres avec une attention renouvelée. Les visiteurs pourraient plus facilement se faire un jugement sur les œuvres exposées si elles portaient une étiquette de prix comme au supermarché : en tant que critère, le prix aide à classer les objets que l'on voit, voire à comparer ce que l'on ressent avec la valeur postulée.

Thomas Huber montre dans plusieurs de ses tableaux l'isolement dans lequel l'espace d'exposition moderne place les œuvres d'art. Celles-ci donnent souvent l'impression d'être perdues ou étrangères à la réalité jusqu'à en devenir bizarre. La propreté « clinique » des espaces intimide et donne le sentiment d'être soi-même un corps étranger impur. Il est donc logique qu'il n'y ait presque personne à voir dans les espaces d'exposition peints par Huber. Tout au plus un unique visiteur – le dernier ? – se tenant debout, raide, ou assis, perplexe et minuscule, entouré d'œuvres monstrueuses. Parfois, les espaces sont aménagés avec quelques objets : une table promet une société plus nombreuse qui pourrait s'y rassembler, mais elle est vide, indice que le « white cube » n'accueille aucune conversation, que le potentiel propre à l'art de créer des communautés reste inutilisé. Ou bien c'est une baguette posée contre le mur, mais il n'y a personne pour la prendre et redonner à l'art sa capacité de montrer. Thomas Huber peint également des chaises et des bancs. Mais eux aussi restent le plus souvent vides, ils se contentent de garder la place et d'indiquer combien de personnes pourraient se tenir dans un espace dédié à l'art et contempler les œuvres dans le calme.

Il devient donc clair que la forme dominante de présentation de l'art telle qu'on la pratique aujourd'hui a chassé le public. L'idée « petite-bourgeoise » de pureté qui, pour

more attention if it is calculated in terms of how many single-family dwellings, sportscars or laptops could be purchased for the same price. And if in museums price tags were hung on the pictures in the same way as the goods in a department store, it would be a lot easier for people to judge the value of the individual exhibits: the price is a helpful scale in weighing the worth of the pieces, and in comparing the own perception with each levied worth postulate.

Many of Thomas Huber's pictures show the isolation that pictures suffer in modern art galleries. Many times they seem lost or abstracted in a bizarre way. The "cleanness" of the halls is daunting and communicates to the visitor that he or she is an impure foreign body. Accordingly, Huber hardly draws a human being into his exhibition halls. At most a single (a last?) visitor stands stiffly or bashfully and sits as a small being in between monstrous pieces of art. In some cases the rooms are appointed with objects: A table prophesies the arrival of larger group of people, which could gather around it. It remains abandoned, which could be a hint that in a white cube there is no room for conversation and through this the potential of establishing community through art goes to waste. Or a pointer is leant against the wall, but there is no one there to pick it up and point with it to the revealing power of art. Again and again, Thomas Huber draws tables and chairs. However, they mostly remain vacant, they merely indicate placeholders for the many people that could be lingering in a room dedicated to art and unhurriedly devoting themselves to meditate on the works of art.

This demonstrates that the manner in which art nowadays is primarily presented, driving away potential viewers. The "petit bourgeois concept of cleanliness" that forms the basis of the white cube's aseptic pureness estranges the (alienated) art from the people. Rather than relying on the glimmer and shine of the art pieces, trust is put into glimmer and shine of the exhibition hall.[7]

Those who are interested in art therefore prefer to concentrate on looking at various illustrated books and catalogs, to look at film and websites or they like to buy postcards and hang up posters. This way the artworks are freed from isolation and, similarly to giving them a price, are integrated (in different lifeworlds) into a fabric of meaning and values. For

[7] Ders., a.a.O. (Anm. 1), S. 266.
[8] Ebd., S. 268.

So wird anschaulich, dass die herrschende Art und Weise, in der Kunst heutzutage präsentiert wird, das Publikum vertrieben hat. Die „kleinbürgerliche Reinheitsvorstellung", die nach Hubers Auffassung der aseptischen „Cleanheit" des „white cube" zugrunde liegt, entfremdet die – verfremdete – Kunst den Menschen. Statt auf das Glänzen und Strahlen der Werke zu vertrauen, glänzt und strahlt vor allem der Ausstellungsraum.[7]

Wer sich für Kunst interessiert, zieht es daher vor, sich mit den zahlreichen Bildbänden und Katalogen zu beschäftigen, Filme und Websites anzuschauen, Postkarten zu kaufen oder Poster aufzuhängen. So werden die Werke aus ihrer Isolation befreit und, ähnlich wie durch einen Preis, in ein Gefüge an Bedeutungen und Werten – in diverse Lebenswelten – integriert. Längst dominieren die verschiedenen Formen von Reproduktion die Wahrnehmung der Kunst, und nicht wenige Künstler, die das begriffen haben, legen ihre Arbeiten daher auch so an, dass sie primär in reproduzierter Form gut zur Geltung kommen. Photogenität ist ein Kriterium der Kunst geworden. Das Hochglanzpapier der Publikationen (oder der matte Glanz eines Bildschirms) lässt die Werke dann um so imposanter erglänzen. Was im Original vielleicht noch etwas provisorisch oder imperfekt erscheint, vollendet sich in der Reproduktion. Das Original ist also nicht mehr das Primäre, weil es als das Unmittelbare und Ursprüngliche erfahren werden kann, sondern es ist mittlerweile eher das Anfängliche, das noch Unfertige und Unvollkommene, das der Reproduktion wie einer Raffinerie bedarf: durch sie veredelt und erlöst wird.

Thomas Huber äußert die Überzeugung, Ausstellungsräume würden mittlerweile nicht mehr für Besucher eingerichtet, sondern fänden ihre Bestimmung „vor dem körperlosen Auge der Photokamera": „Es sind Ausstellungen, die für die Abbildungen in der Kunstzeitschrift, für den Katalog entworfen sind." Die „Reproduktion im zweidimensionalen Medium" könne sie „ideal wiedergeben".[8] Wenn die Stühle auf seinen Bildern meist leer sind, liegt das also daran, dass sich die Menschen lieber in der heimischen Wohnung, am Lesepult oder vor einem Bildschirm mit der Kunst beschäftigen. Hier begegnen ihnen die in der Reproduktion sich vollendenden Originale und damit die wirklichen Kunstwerke. Und wenn die Photographie das ideale Museum ist, sind Kataloge und erst recht Faksimileeditionen der wahre Ort der Kunst.

7 Id. loc. cit, p. 266.
8 Ibid., p. 268.

8 Ibid., p. 268.

Huber, sous-tend l'aspect « clinique » et aseptisé du « white cube » aliène l'art – mis à distance – vis-à-vis des gens. Au lieu de faire confiance à l'éclat et au rayonnement des œuvres, c'est surtout l'espace d'exposition qui brille et rayonne[7].

L'amateur d'art préférera donc consulter les nombreux ouvrages illustrés et les catalogues, regarder des films, visiter des sites Web, acheter des cartes postales ou accrocher des posters. Les œuvres sont ainsi libérées de leur isolement et – tout comme au moyen du prix – intégrées dans les structures de significations et de valeurs de différents univers d'existence. La perception de l'art est depuis longtemps dominée par les différentes formes de reproduction. Nombreux sont les artistes qui l'ont compris et qui conçoivent d'abord leurs travaux de façon à ce qu'ils soient bien mis en valeur dans les reproductions. Le caractère photogénique est devenu un critère artistique. Le papier brillant des publications (ou le scintillement mat d'un écran) donne aux œuvres un éclat d'autant plus imposant. La reproduction parachève ce qui apparaît encore provisoire ou imparfait dans l'original. Ce dernier ne jouit plus d'une primauté en vertu de son caractère authentique et immédiat ; il constitue désormais un commencement, quelque chose d'encore inachevé et incomplet qui a besoin de la reproduction qui, telle une raffinerie, le sublimera et le délivrera.

Thomas Huber est persuadé que les espaces d'exposition ne sont désormais plus conçus pour les visiteurs mais qu'ils trouvent leur destination « devant l'œil incorporel de l'appareil photo » : « Ce sont des expositions conçues pour les illustrations des revues d'art, pour le catalogue. » La « reproduction dans un medium bidimensionnel » les « restitue de manière idéale[8] ». Si les chaises de ses tableaux restent généralement vides, c'est parce que les gens préfèrent s'occuper de l'art chez eux, devant un pupitre ou un écran. C'est ici, dans la reproduction complétant les originaux, qu'ils découvrent les véritables œuvres d'art. Et si la photographie est le musée idéal, alors les catalogues et à plus forte raison les éditions en facsimilé sont le vrai lieu de l'art.

a long time now the various forms of reproduction have dominated the perception of art, and quite a few artists who have realized this construe their art in such a way that has validity primarily in the different forms of reproduction. Photogenic properties have become a criterion for art. The high-gloss paper of the publications (or the matt-finished shine of the screen) makes the works shine all the more imposingly. While the original might still seem provisional or imperfect the reproduction brings it to completion. The original is no longer experienced as the immediate and primordial. Today, something is original more if it is starting point, the still incomplete and imperfect that requires on reproduction for its refinement, and in this way is refined and redeemed.

Thomas Huber expresses his conviction by saying that art galleries nowadays are no longer arranged for the visitor but find their destination "before the inhuman eye of the camera": "These are exhibitions designed for the images in art magazines and catalogs." The "2D reproduction" is "ideally reflected" by the camera.[8] The mostly empty chairs in his pictures show that people feel more comfortable engaging in art in their own apartments, at the desk or in front of the (TV) screen. In this way they see the reproduction of the completed originals and so the real works of art. And if photography is the ideal museum, then even more so are catalogs and facsimile editions the true sphere where art happens.

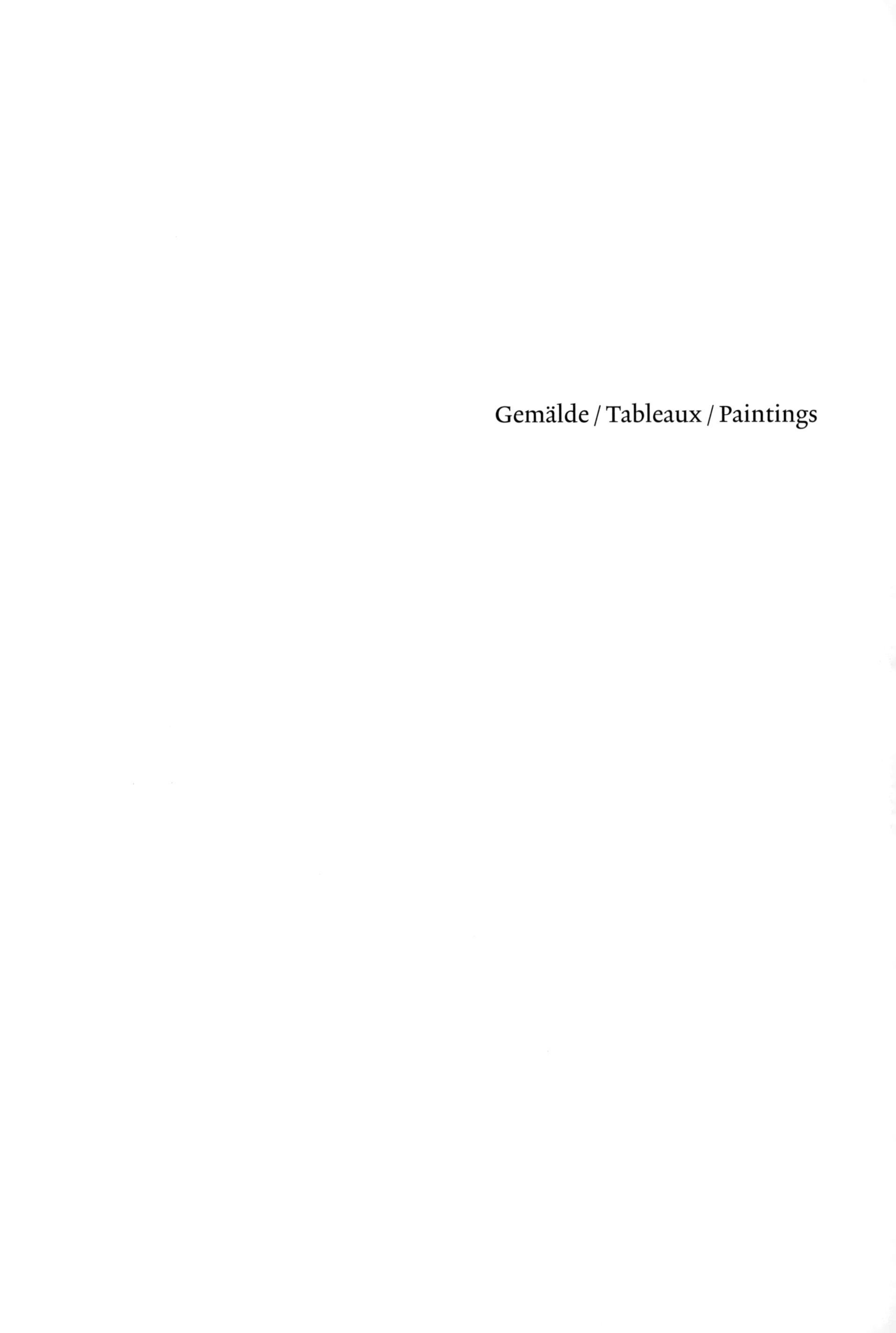

Gemälde / Tableaux / Paintings

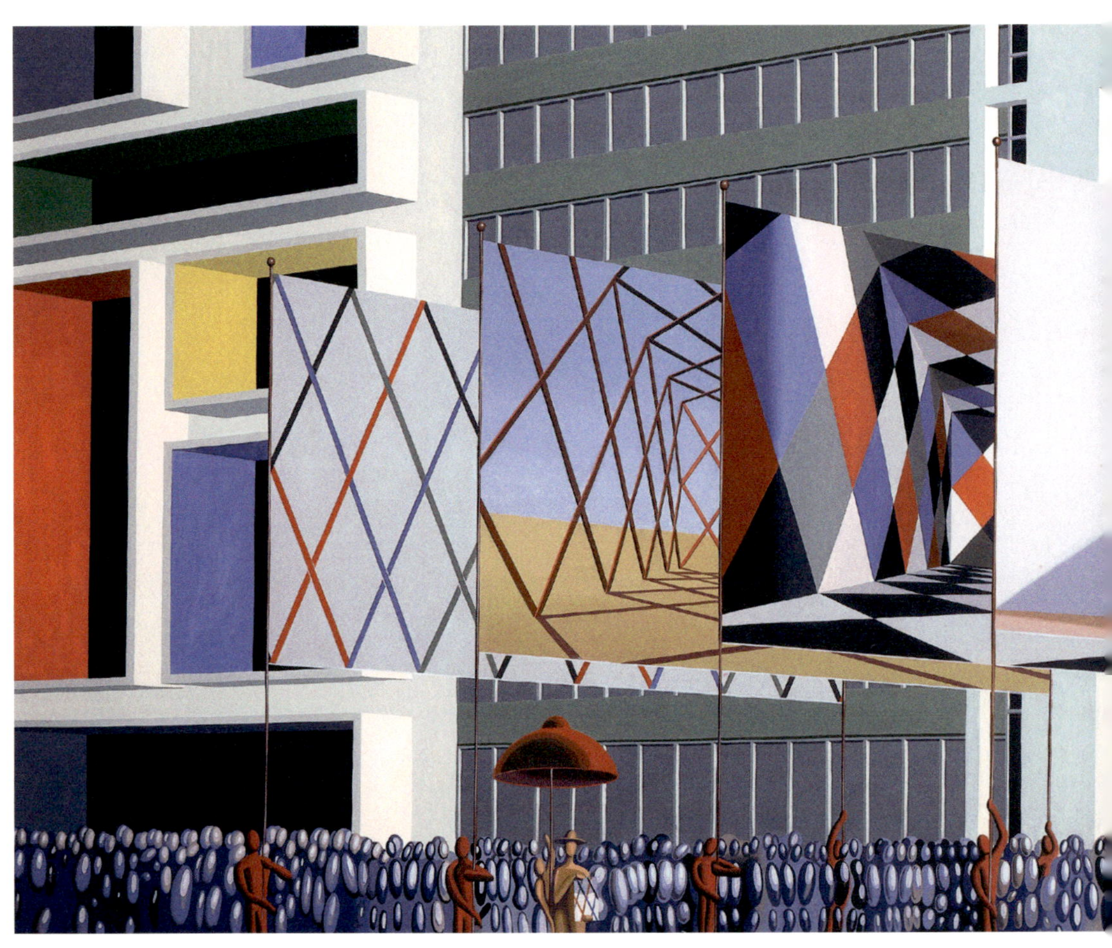

Art parade

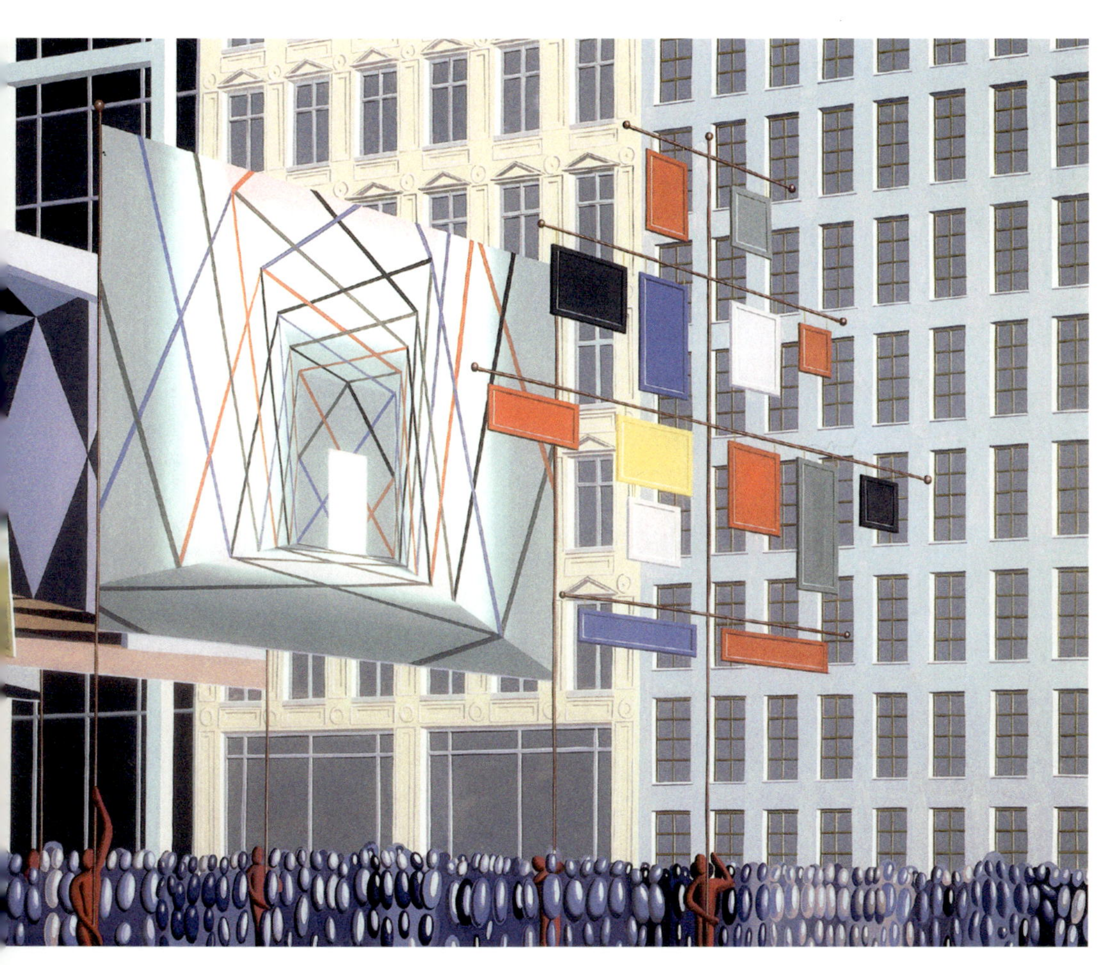

Parade 2005

„Ich stelle mir vor, wir öffnen die verschlossenen
Portale der Bilder und tragen die dahinter verborge-
nen Räume hinaus ins Freie, gerade so wie man die
Bilder aus den Museen auf die Straße tragen könnte.
Wir nehmen die Bilder dort von den Wänden und
tragen sie in die Stadt, halten sie hoch, damit jeder
sie sehen kann." T.H.

« Je m'imagine que nous ouvrons les portails fermés
des tableaux et que nous sortons les espaces
dissimulés derrière, tout comme si l'on pouvait
transporter les tableaux hors des musées dans la rue.
Nous décrochons les tableaux des murs et les amenons
en ville. Nous les portons haut afin que chacun puisse
les voir. » T.H.

You can find the English translations of the quotations by Thomas Huber on p. 88.

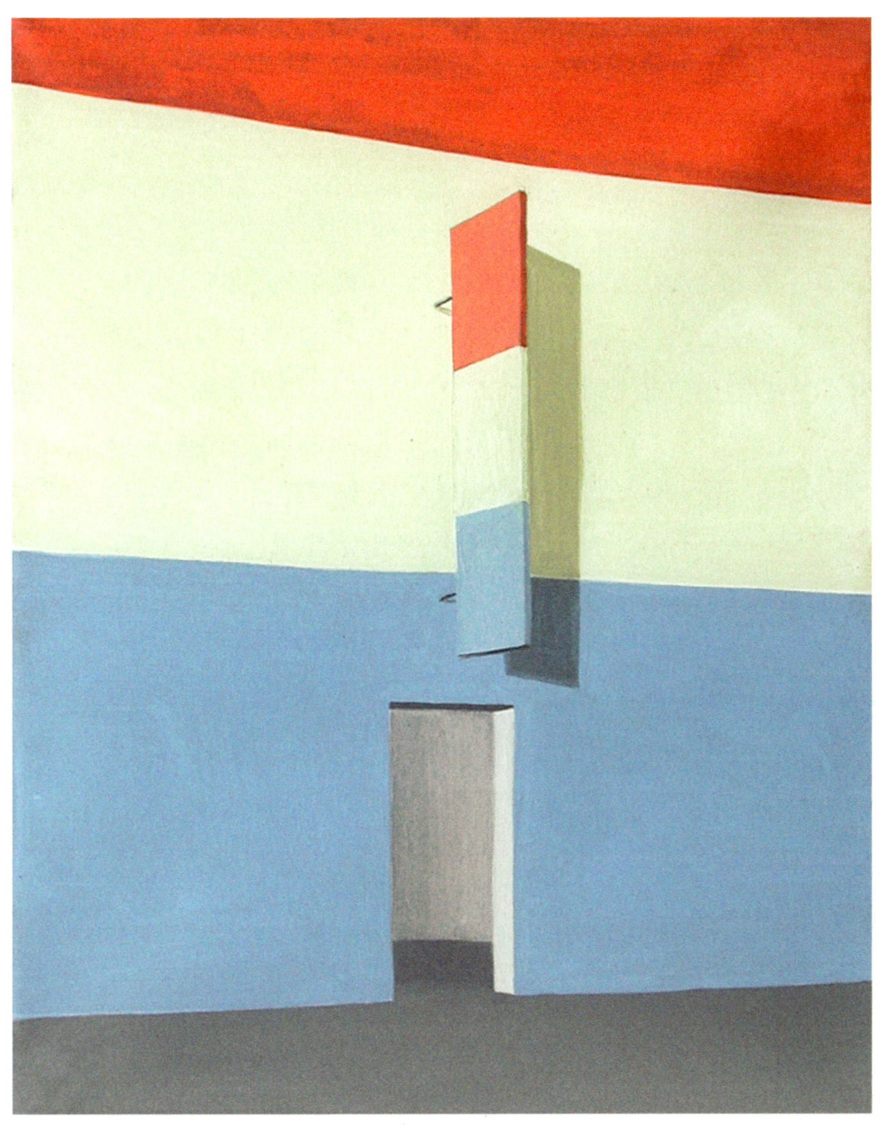

Entrée

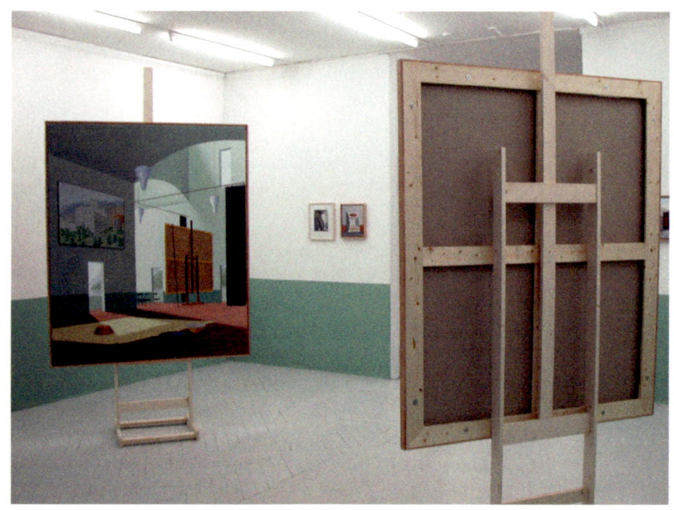

Ausstellungssituation Galerie Skopia, Genf, 2002 /
Exposition à la galerie Skopia, Genève, 2002 /
Exhibition setting in Galeria Skopia, Geneva, 2002

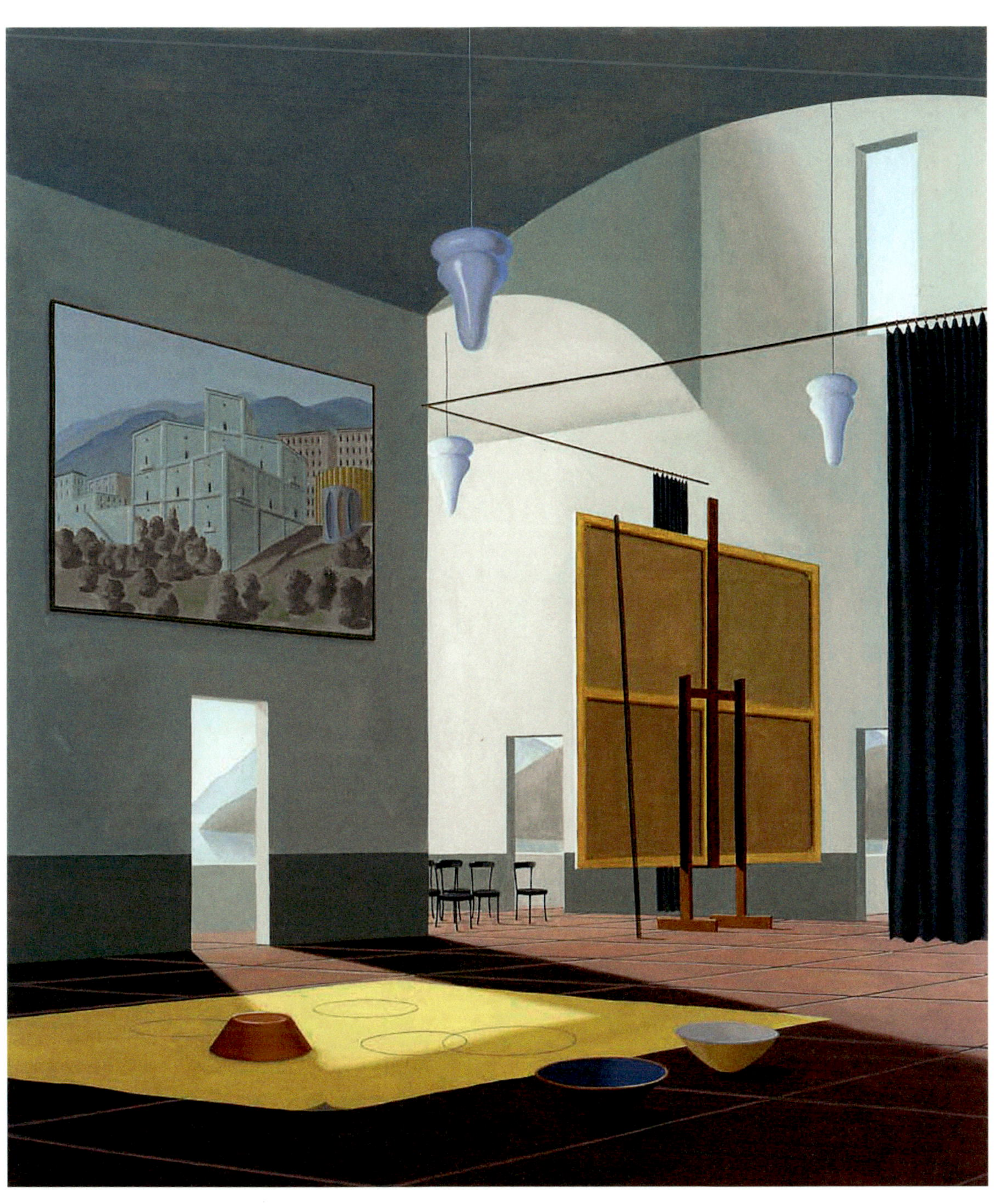

Angle II 2002

„Das Bild hat seinen Ort im Bild. In seiner eigenen
Bedingung wird es offenbar. Aus sich selber kehrt es
hervor, wie es gezeigt werden will. Sein Gezeigtwerden
ist es, was es zeigt. Das Scheinen des Bildes und sein
Erscheinen sind heute eins." T.H.

« Un tableau a son lieu dans le tableau. Il se manifeste
par sa propre condition. Il se montre de lui-même
comme il veut être montré. L'apparence des tableaux et
leur apparition sont aujourd'hui une seule chose. » T.H.

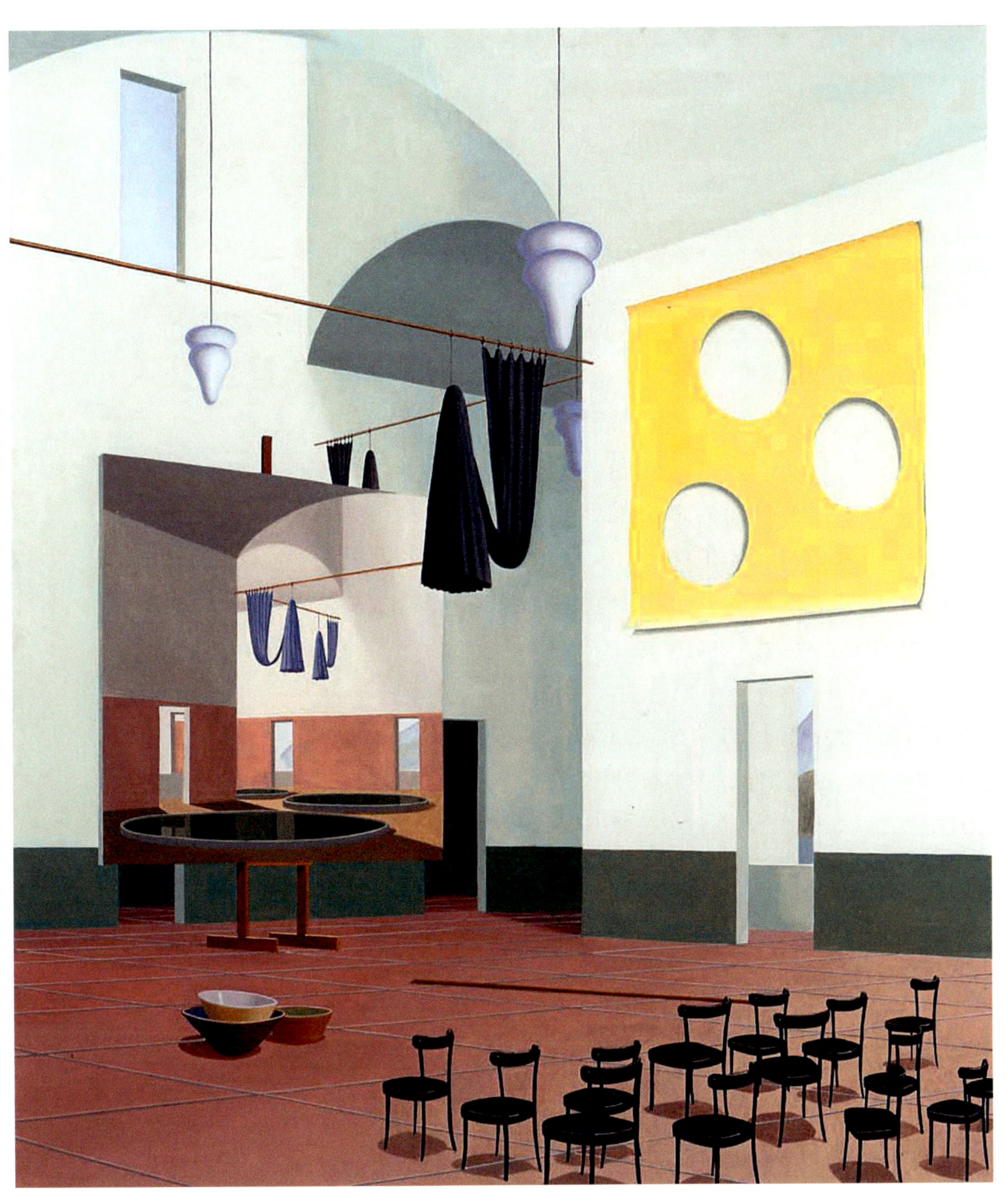

Angle I 2002

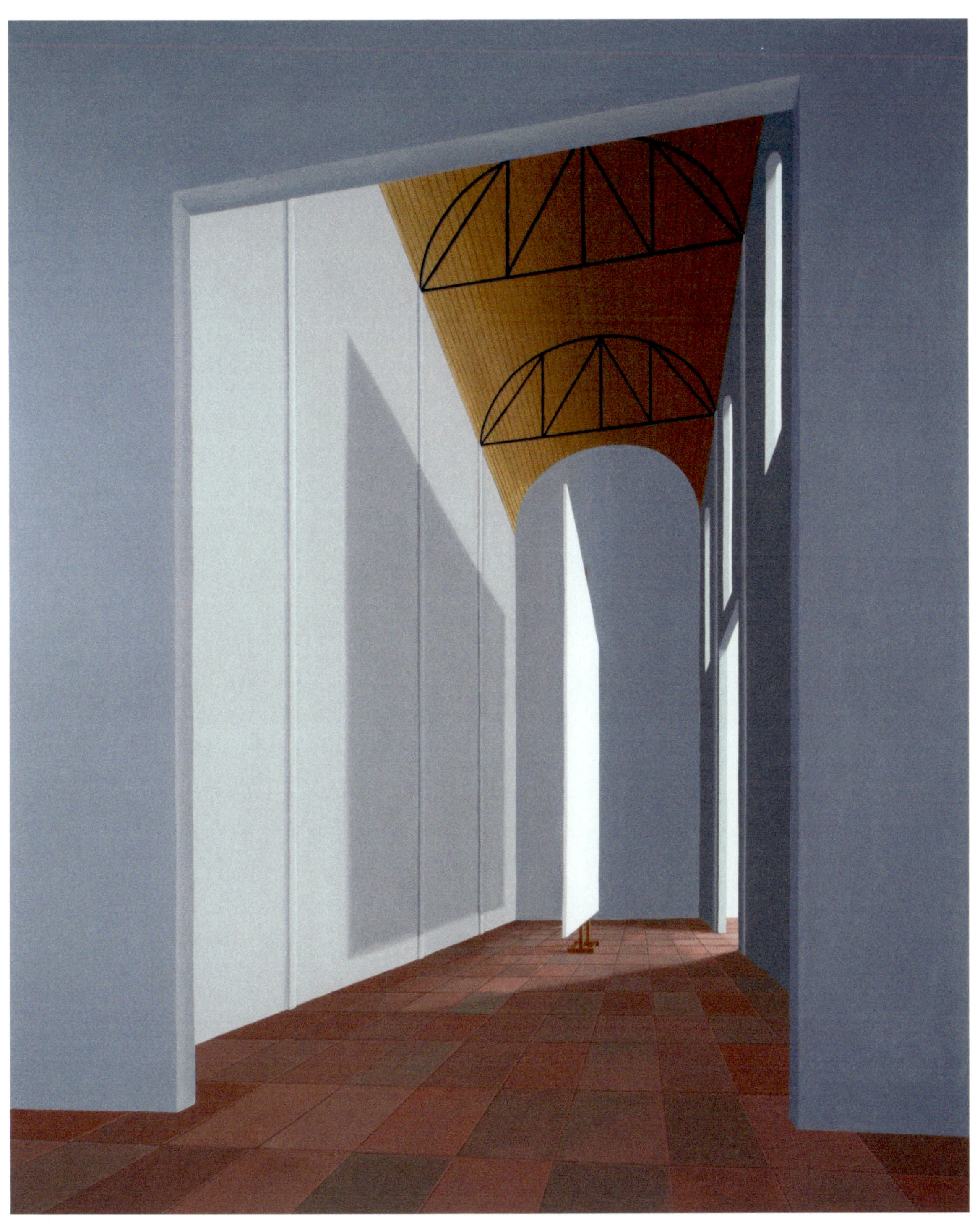

Le début 2006

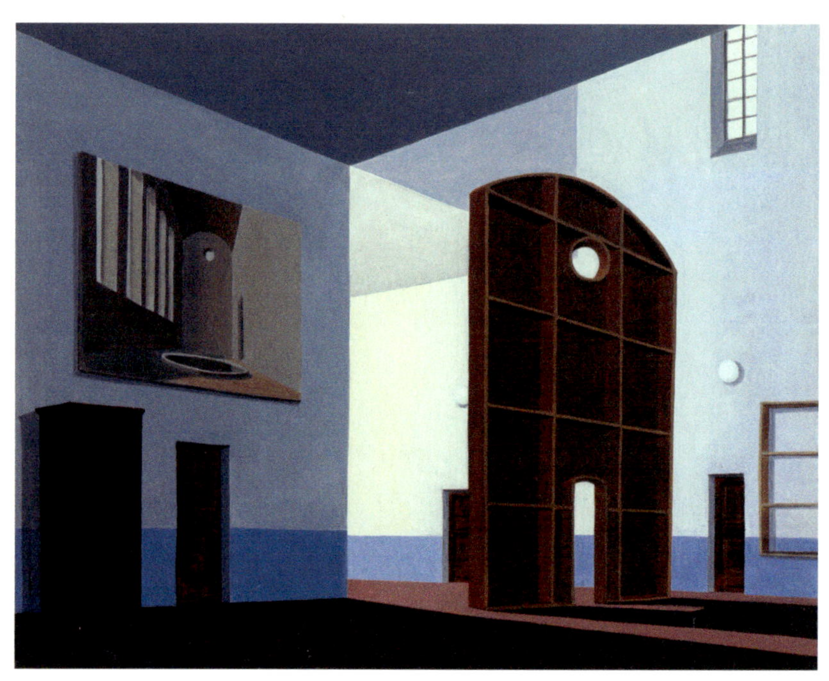

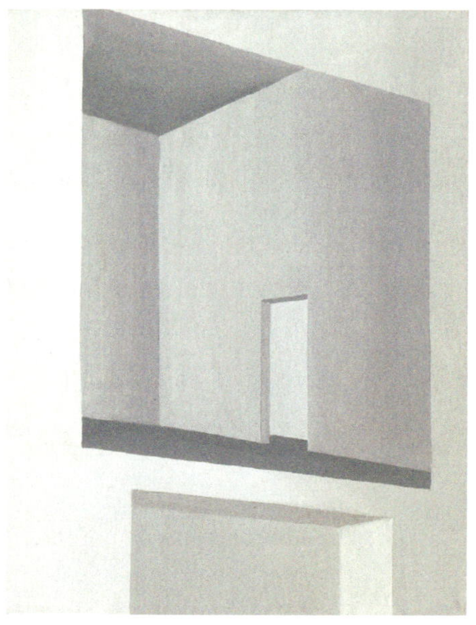

Theaterszene 2002
Supraporta 1996

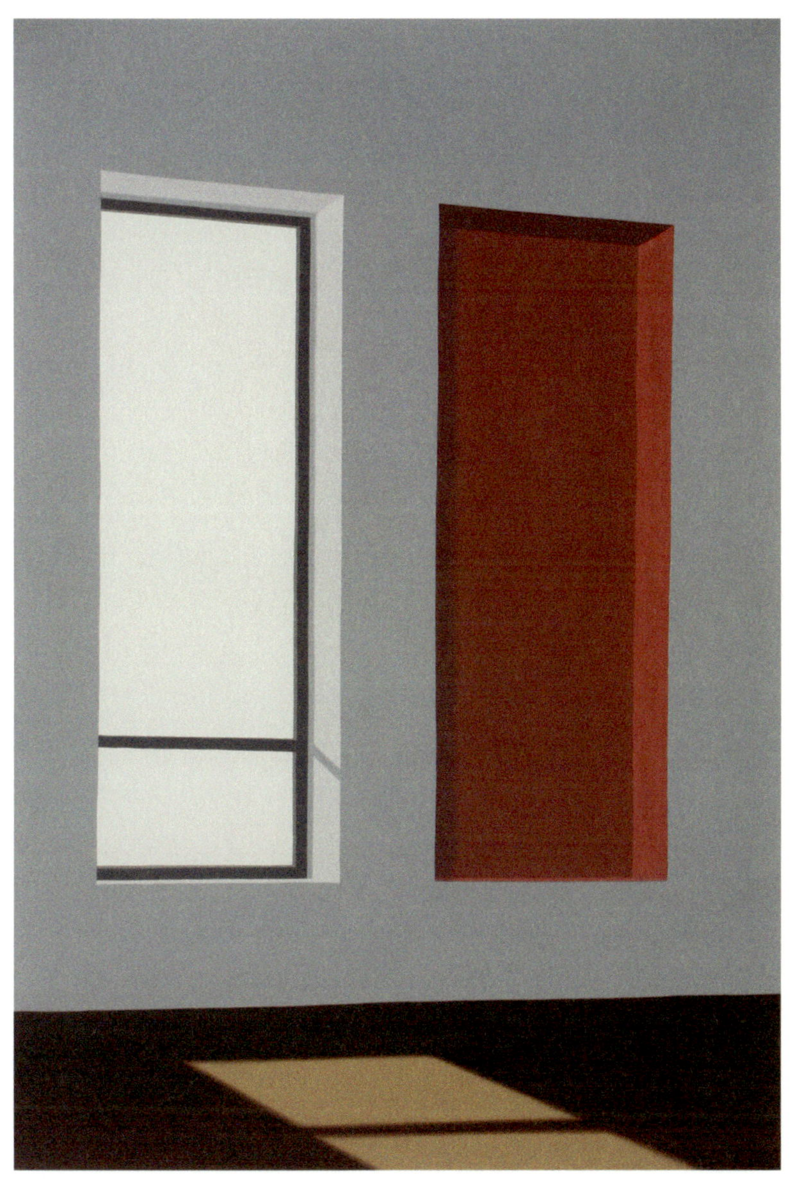

Fenster 2007

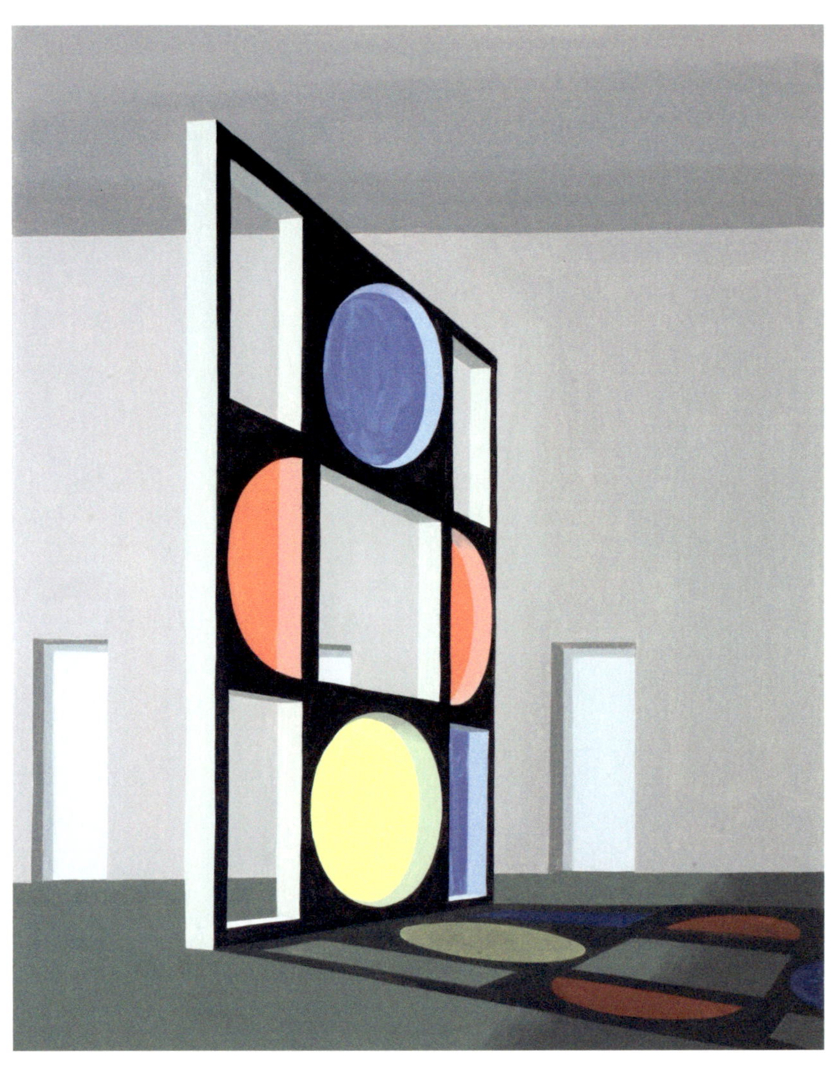

Glasfenster 2007

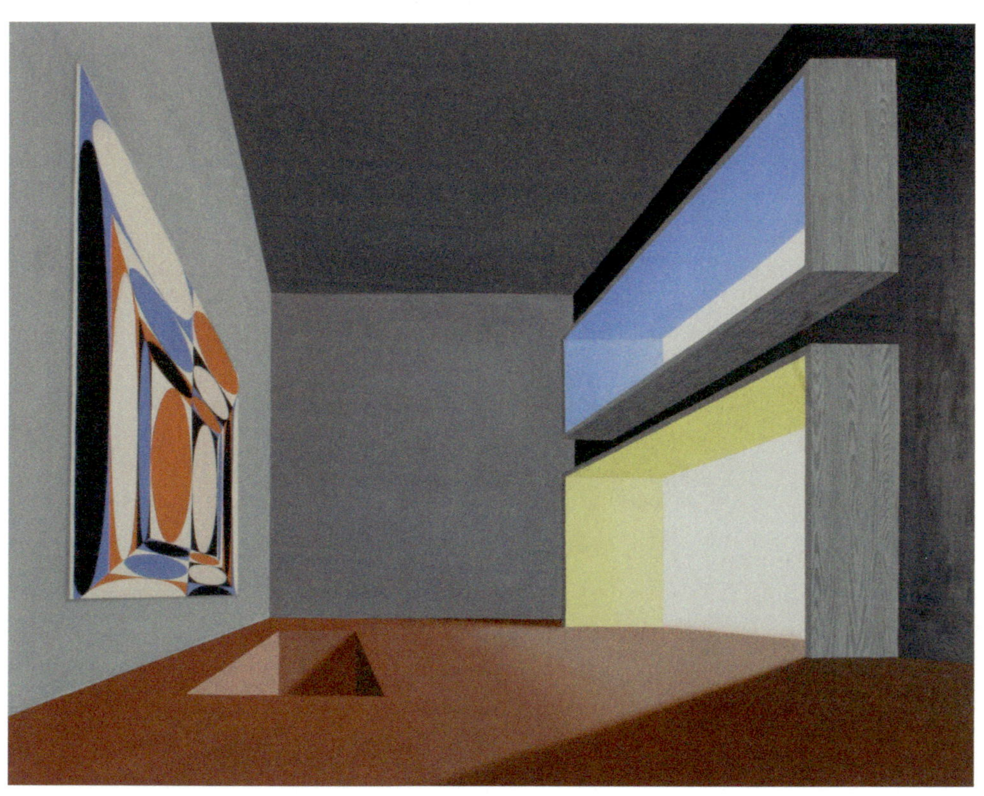

Intérieur du Studio 2006

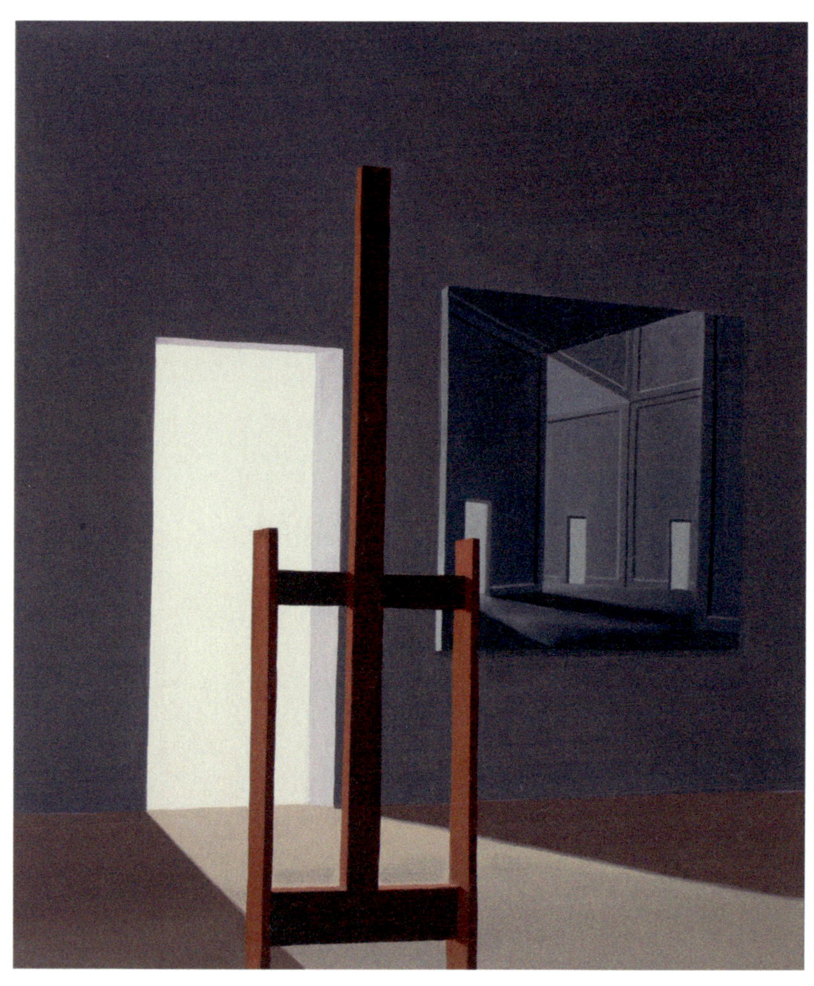

Staffelei 2007

„Nein, Sie können das Bild nicht sehen. Auf keinen
Fall können Sie das Bild sehen. Warum kann ich das
Bild nicht sehen? Sie würden es so schnell anschauen.
Das würde mich bekümmern. Sie würden das Bild,
für dessen Herstellung ich solange gebraucht habe,
so schnell anschauen. Sie würden mit einem Blick
erfassen, wofür ich fast ein Leben gebraucht habe, ja
ein Leben. Sie würden mein Leben so weggucken, so
ganz schnell weggucken. Das wäre mir unerträglich.
Nein, Sie können das Bild nicht sehen." T.H.

« Non, vous ne pouvez pas voir le tableau. Vous ne
pouvez le voir en aucun cas. Pourquoi ne puis-je voir le
tableau ? Vous le regarderiez si vite. Cela m'attristerait.
Vous regarderiez si vite le tableau que j'ai mis tant de
temps à produire. D'un regard, vous saisiriez ce pour
quoi il m'a fallu presque une vie, oui une vie. Vous
déroberiez ma vie, vous me la déroberiez si vite. Cela
me serait insupportable. Non, vous ne pouvez pas
voir le tableau. » T.H.

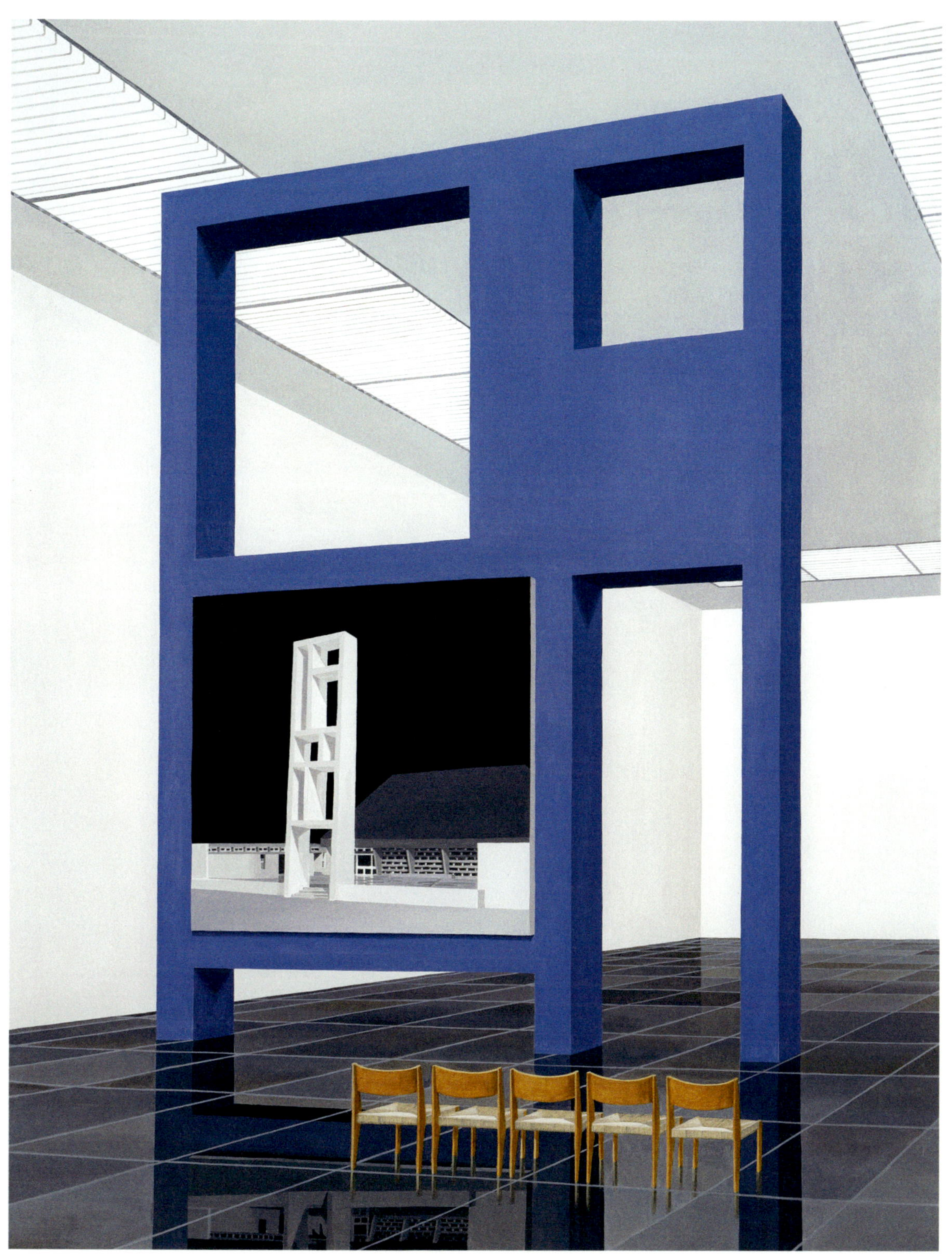

Nr 31 2002

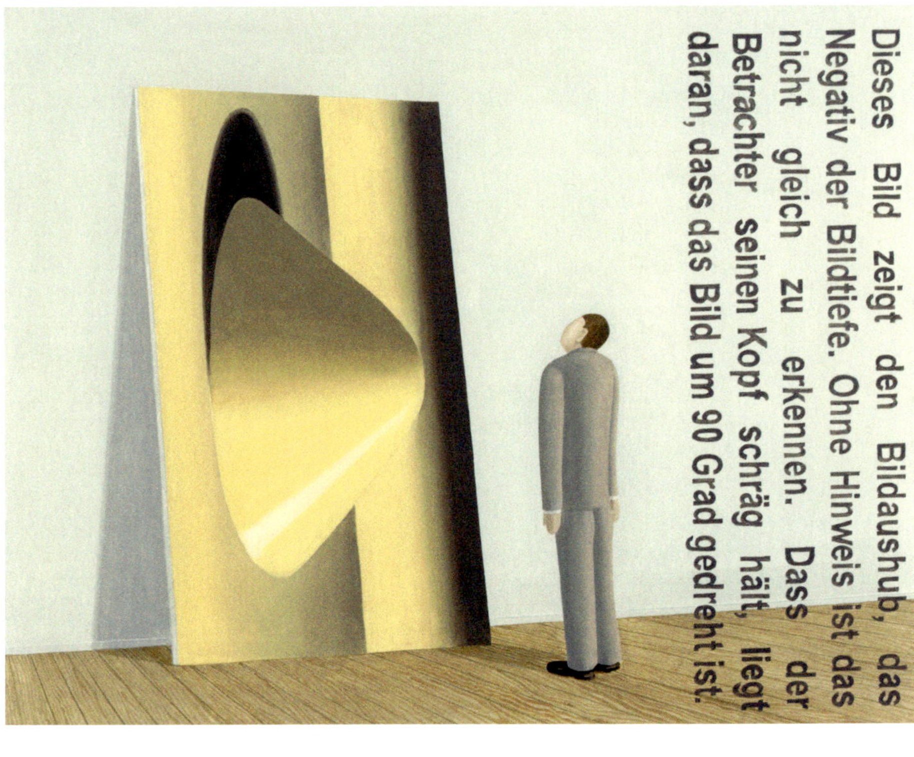

Cette peinture montre l'excavation du tableau, le négatif de la profondeur du tableau. Sans indication, on ne le voit pas d'emblée. Que le spectateur ait la tête penchée tient au fait que le tableau est tourné à 90 degrés.

This illustration shows the image's protrusion, i.e., the opposite of its depth. Something you would not recognize without the reference. The fact that the viewer holds his head at an angle because the picture has been turned by 90°.

Der Bildaushub 2003

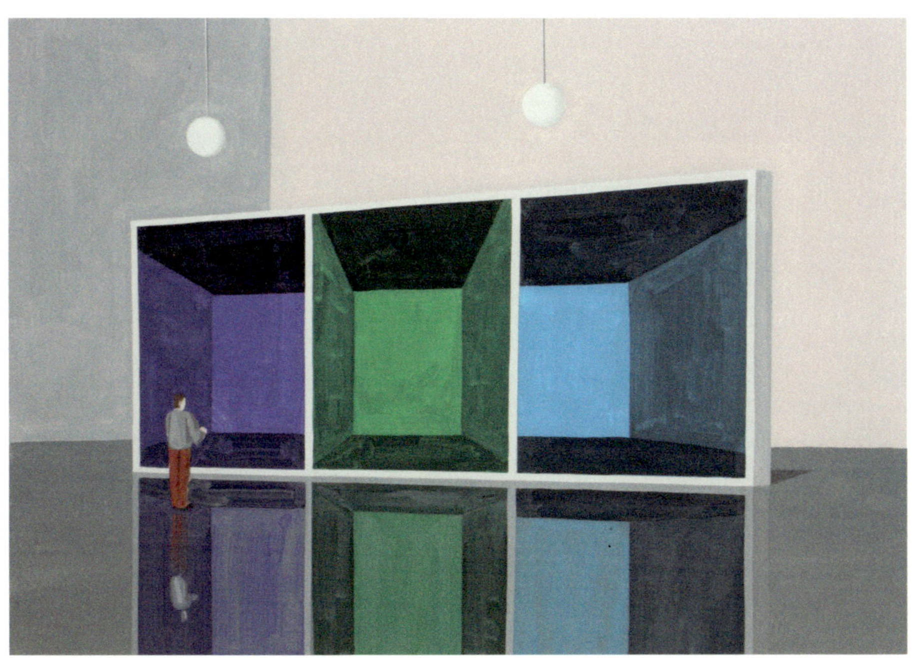

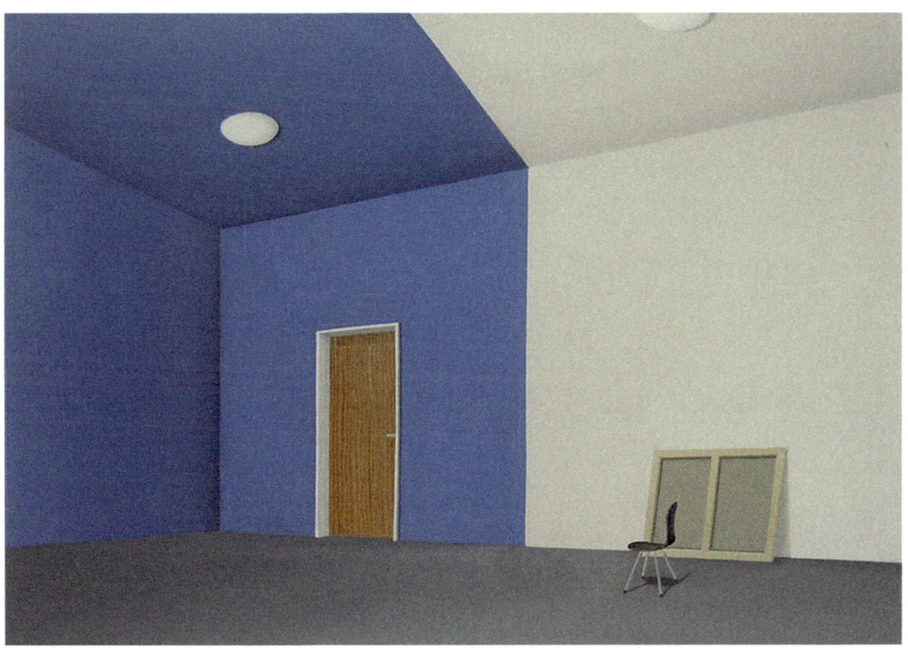

Richtiger Standpunkt 2007
Georgs Raum 1993

In der Ausstellung sind neben den Gemälden auch Aquarelle zu sehen, die in diesem Katalog
nicht abgebildet werden. Ergänzend erscheint daher ein Faksimile eines Skizzenbuches mit
Aquarellen von Thomas Huber.

*L'exposition présente en plus des peintures des aquarelles qui ne sont pas reproduites dans ce catalogue.
Une édition en facsimilé d'un carnet de croquis avec des aquarelles de Thomas Huber est publiée séparément.*

Alongside the paintings, this exhibition also features watercolors, which are not illustrated
in this catalog. Thus it is accompanied by a special facsimile edition of a sketchbook with
watercolors by Thomas Huber.

Aquarelle / Aquarelles / Watercolors

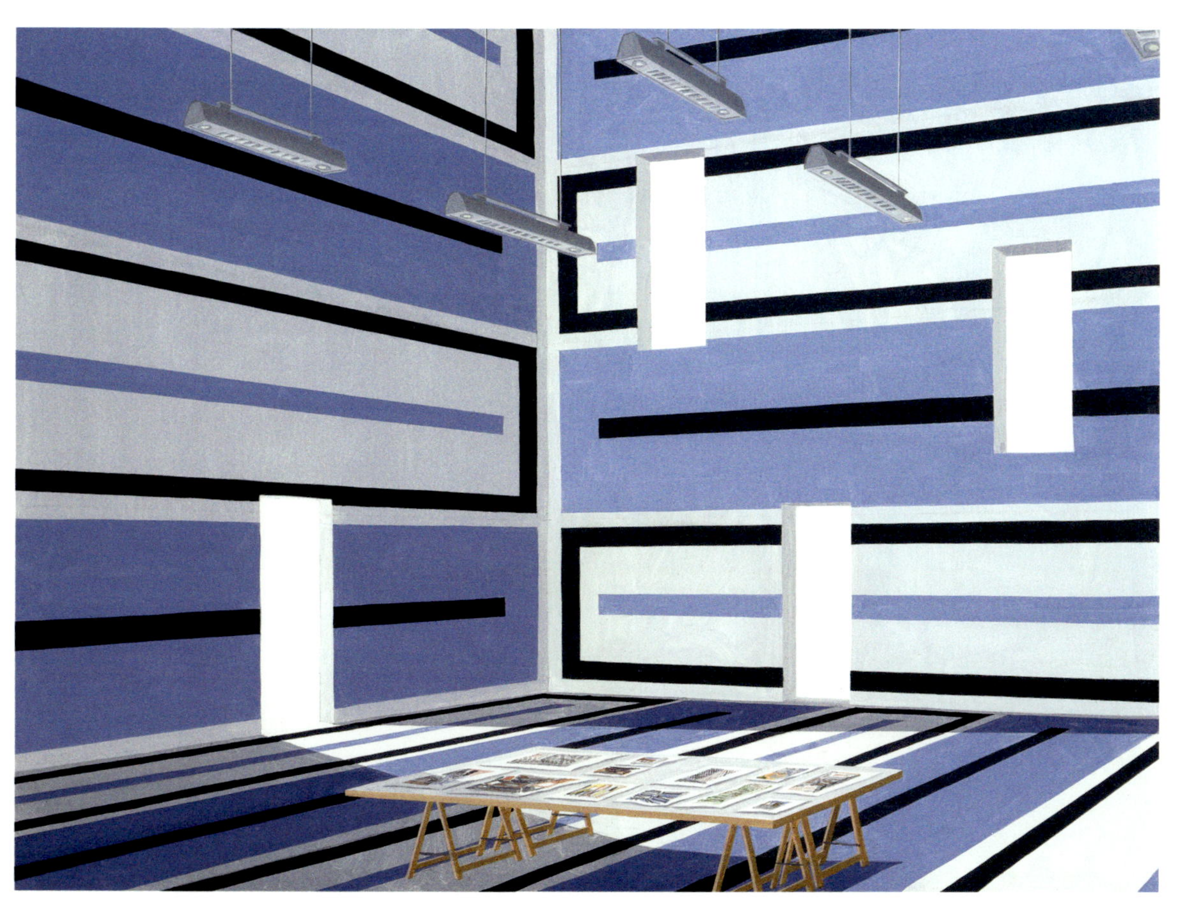

Blaues Studio mit Aquarellen 2005

„Arbeiten auf Papier, diese Ankündigung auf Aus-
stellungseinladungen finde ich absurd. Kann man auf
Papier arbeiten? Auf diesem zarten Material, das selbst
von gewaschenen Händen noch Spuren davon trägt?
Arbeit hört sich nach viel Schweiß an, nach schweren
Sachen, Berufskleidung, Schmutz und dreckigen
Fingern. Wenn Kunst nach Arbeit aussieht wird mir
elend. Nein, Künstler arbeiten nicht." T.H.

« Travaux sur papier, je trouve cette annonce sur
les cartons d'invitation absurde. Peut-on travailler sur
du papier? Sur ce matériau délicat qui garde même les
traces des mains qu'on a lavées? Le travail se reconnaît
à la sueur abondante, aux choses pénibles, aux habits
de travail, à la saleté et aux doigts crasseux. Lorsque
l'art ressemble au travail, je me sens malheureux.
Non, les artistes ne travaillent pas. » T.H.

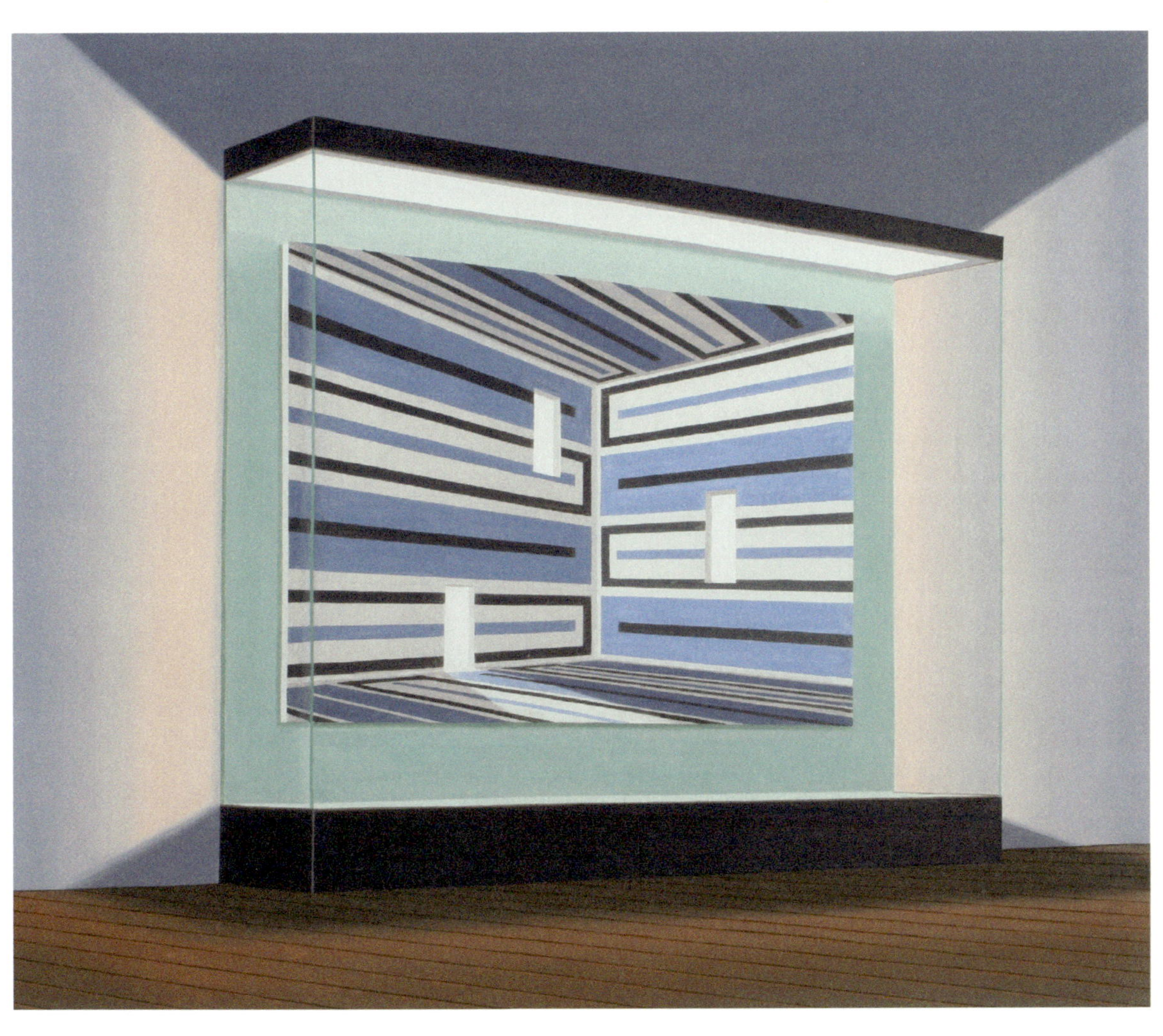

Vitrine 2006

„Die Bildtiefe ist ein gefährlicher Abgrund.
Man muss ihr mit Maß begegnen, um nicht darin
abzustürzen. Die Bildnerei ist ohne solche Vorsicht
ein gefährliches Unterfangen. Man kann an ihr zu
Grunde gehen." T.H.

« La profondeur du tableau est un abîme dangereux.
On doit s'y confronter avec mesure afin de ne pas
tomber dedans. Sans cette prudence, la peinture est
une entreprise périlleuse. On peut en mourir. » T.H.

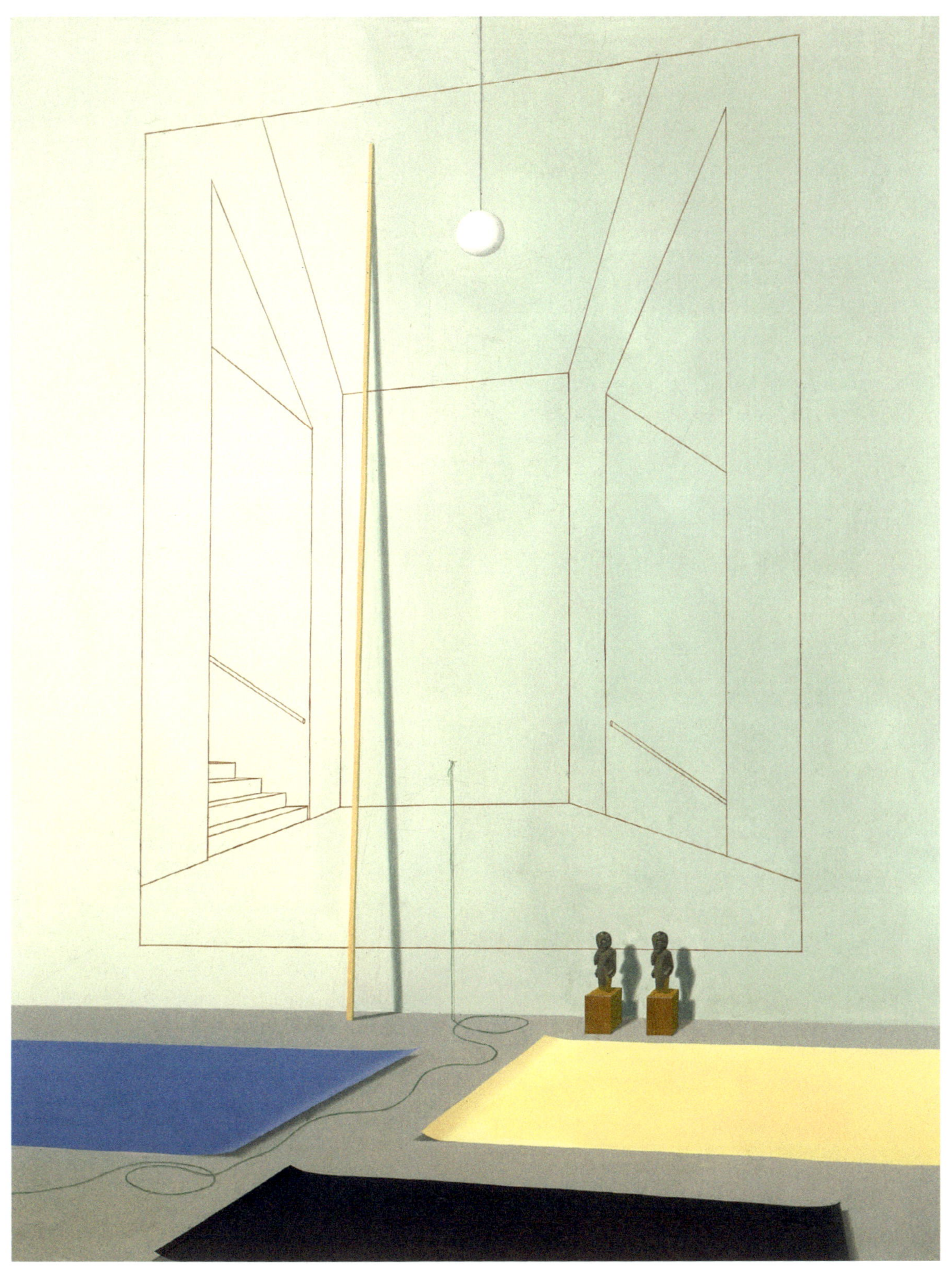

Entresol 2003

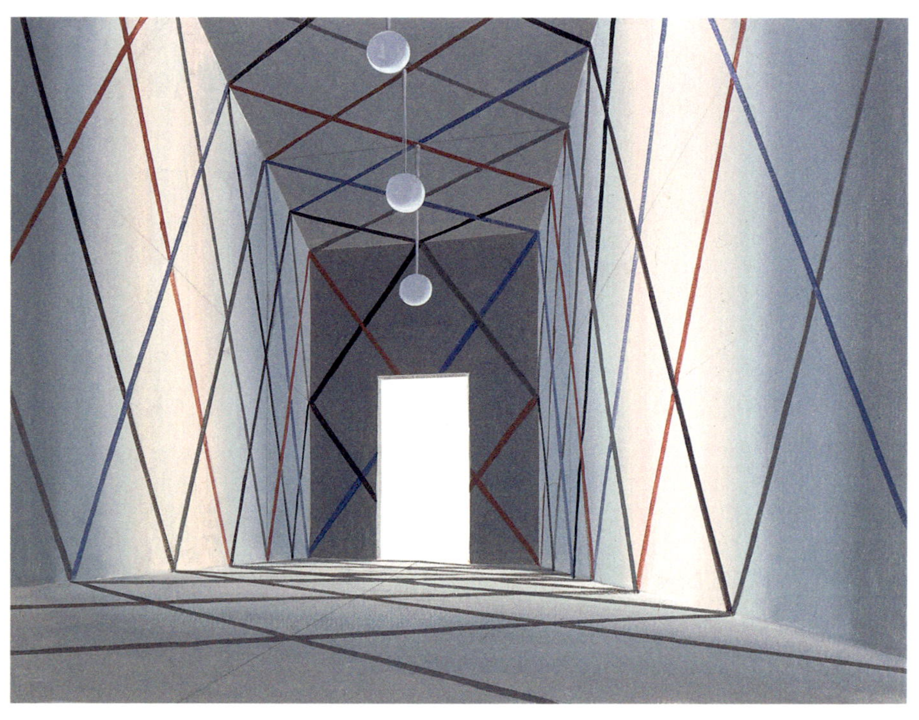

Halle mit Streifen 2004

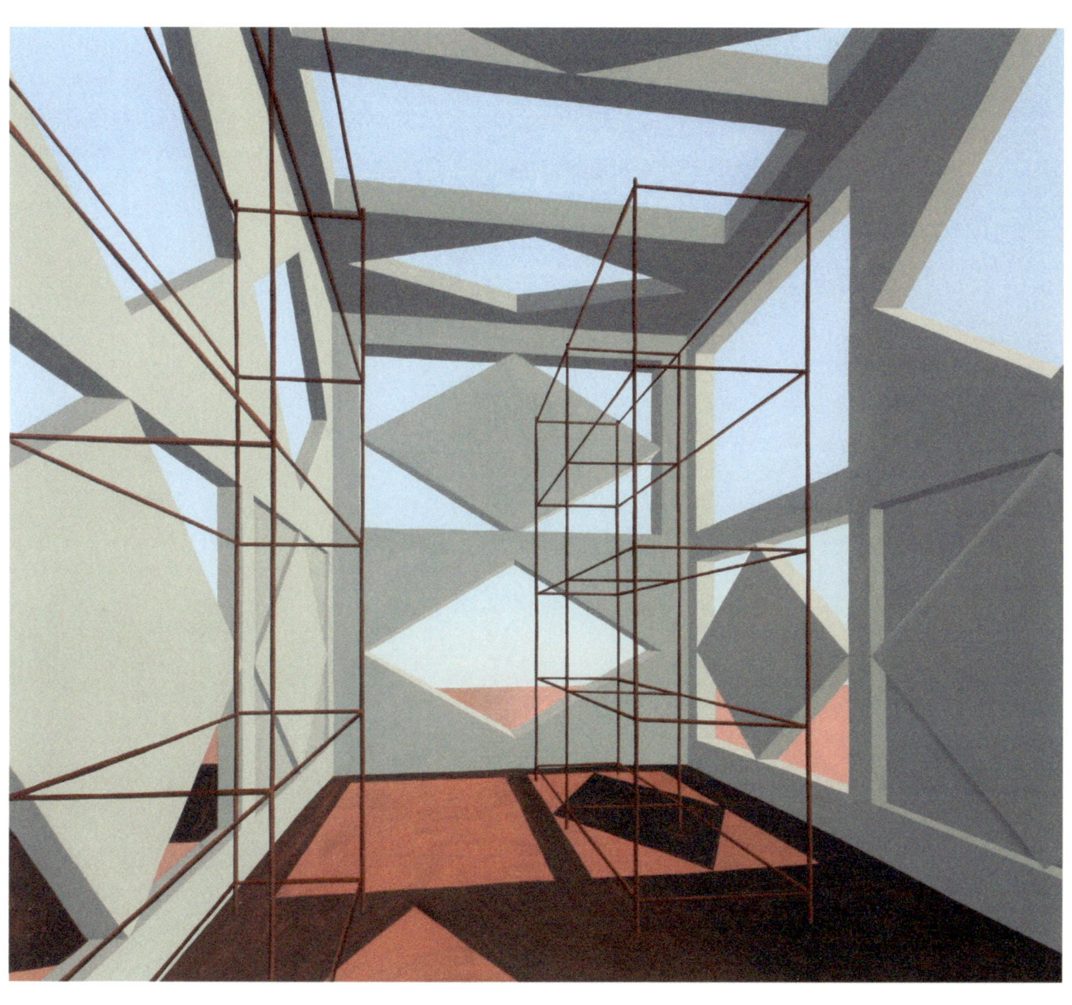

Baustelle 2007

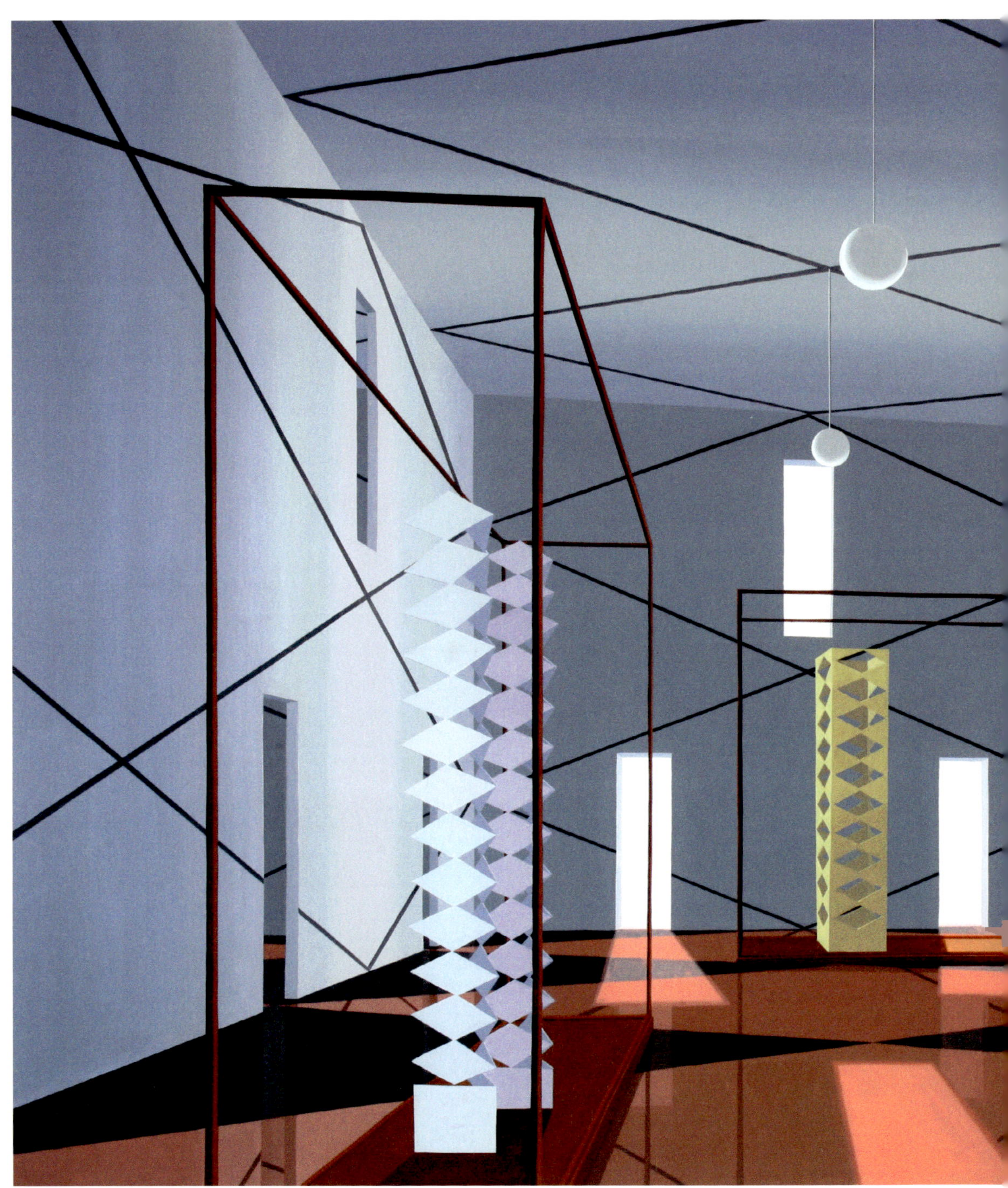

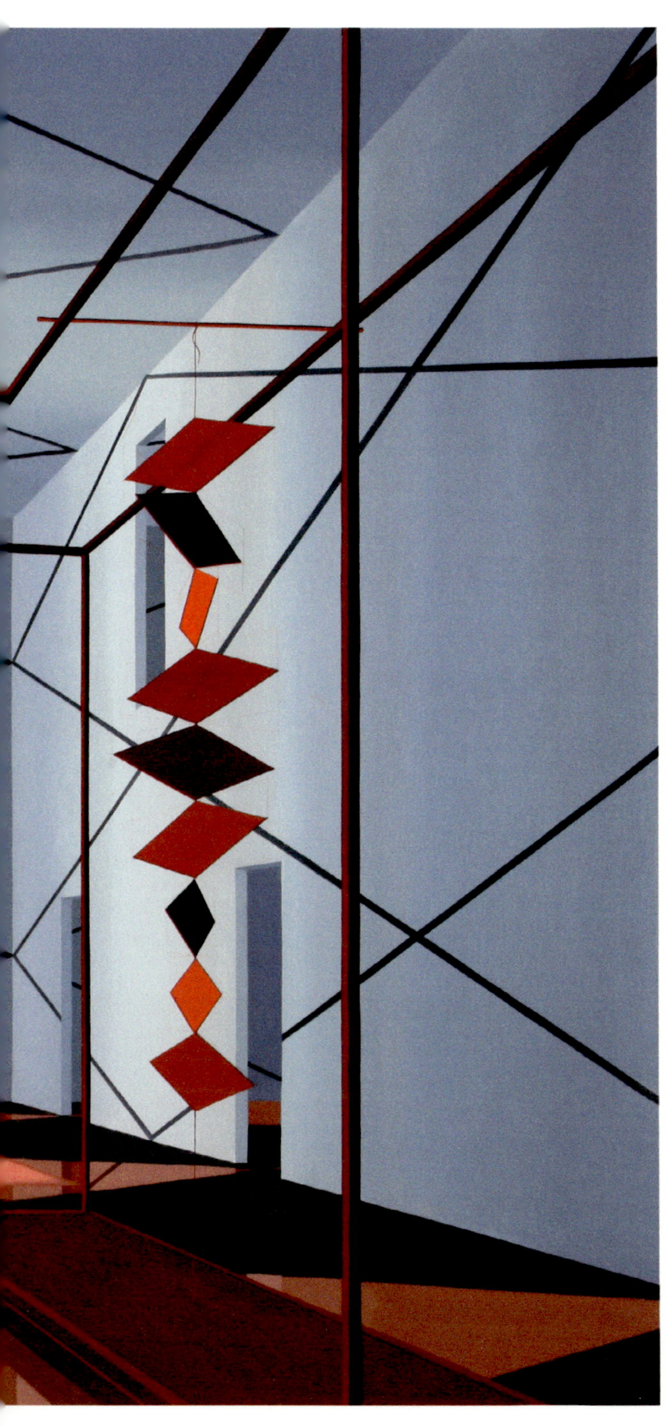

Drei Vitrinen 2007

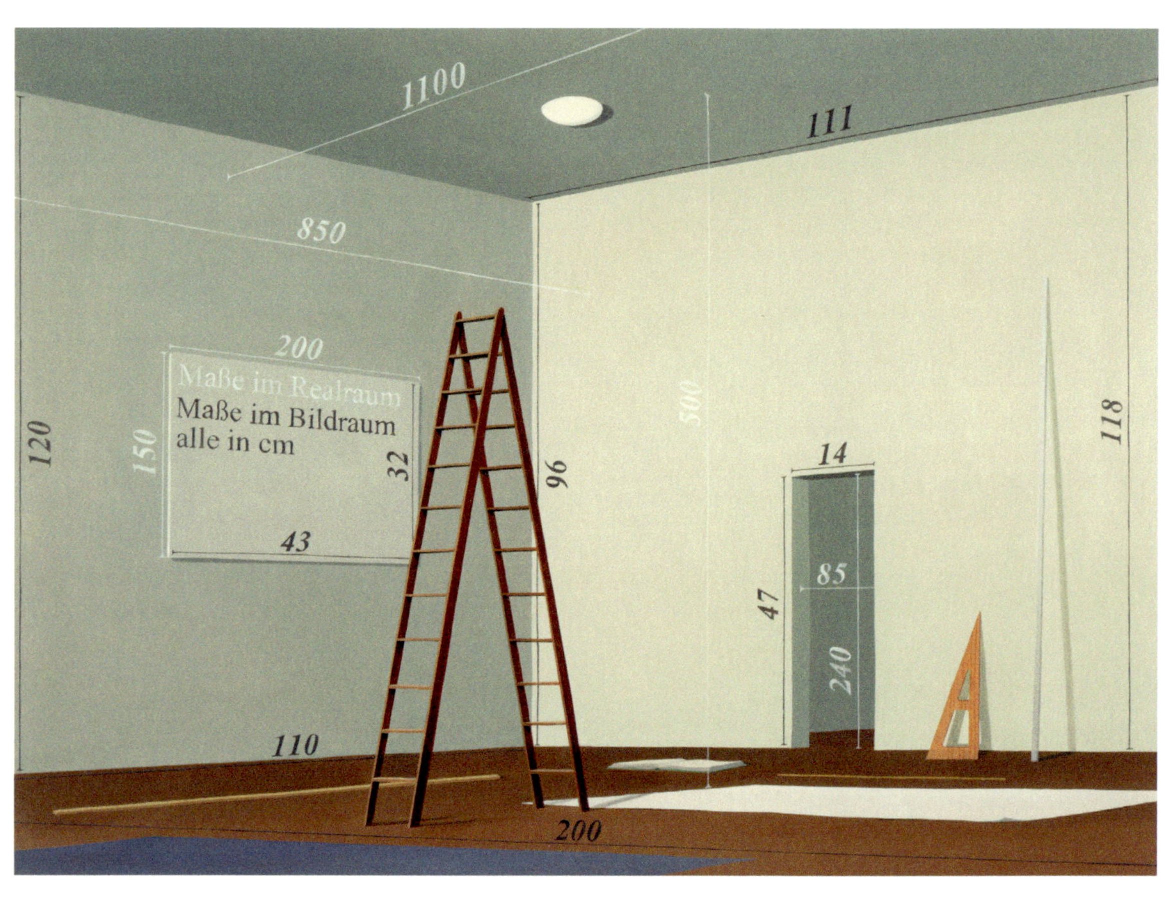

Maßgabe 2003

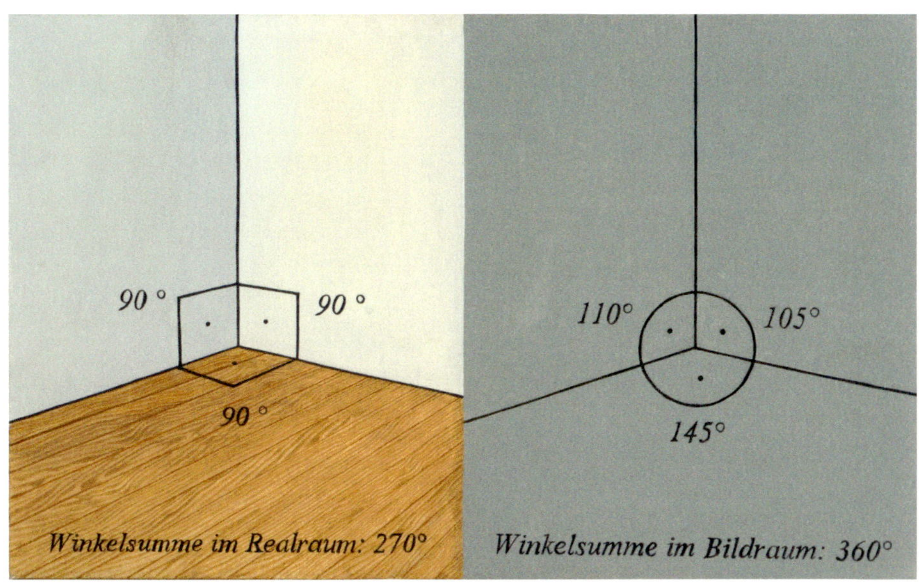

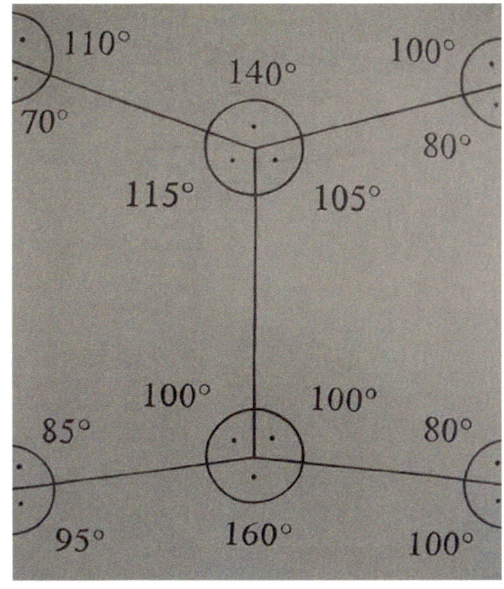

Winkelsumme im Bildraum 2003
Winkel im Bildraum 2003

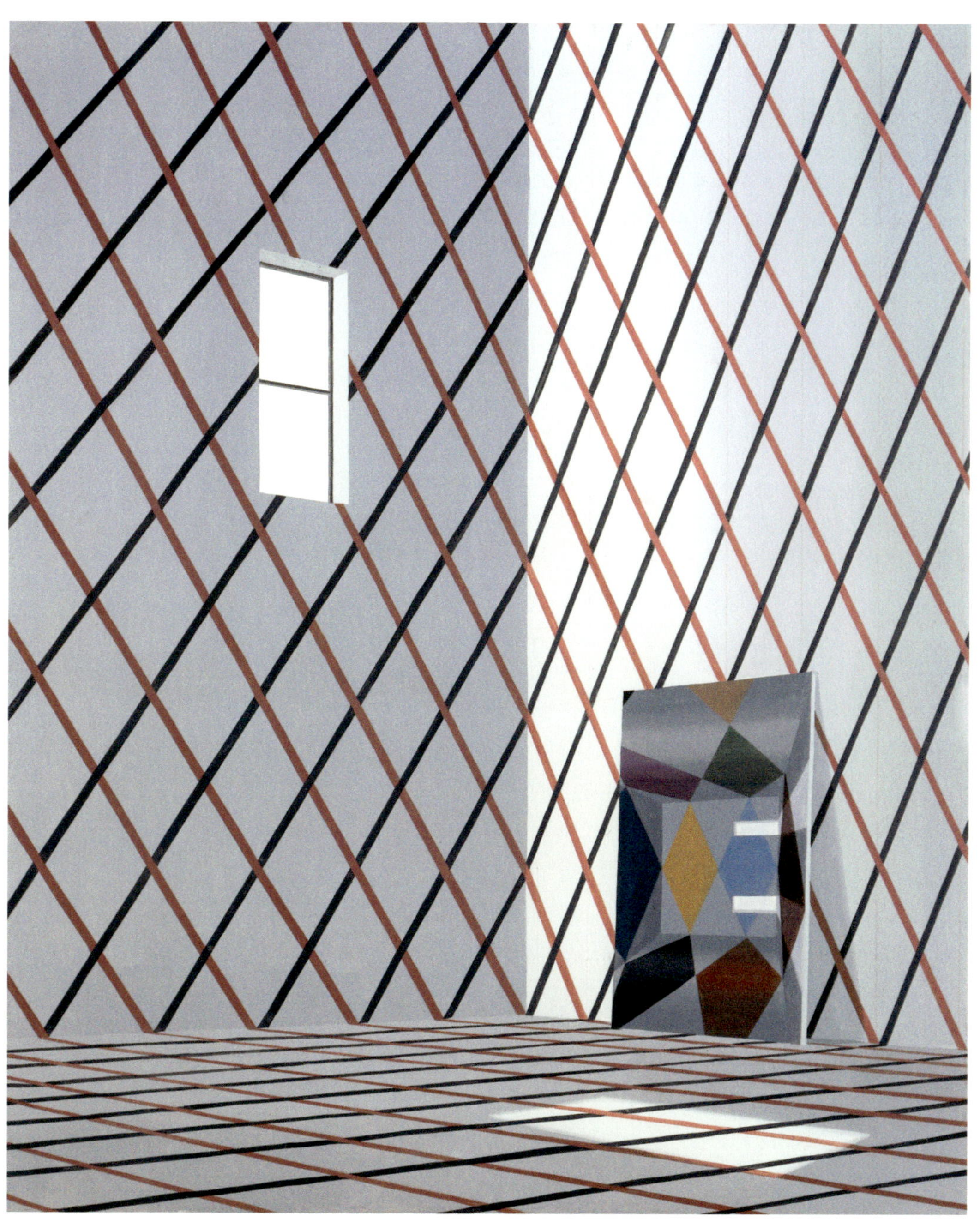

Rauten, traurig 2005

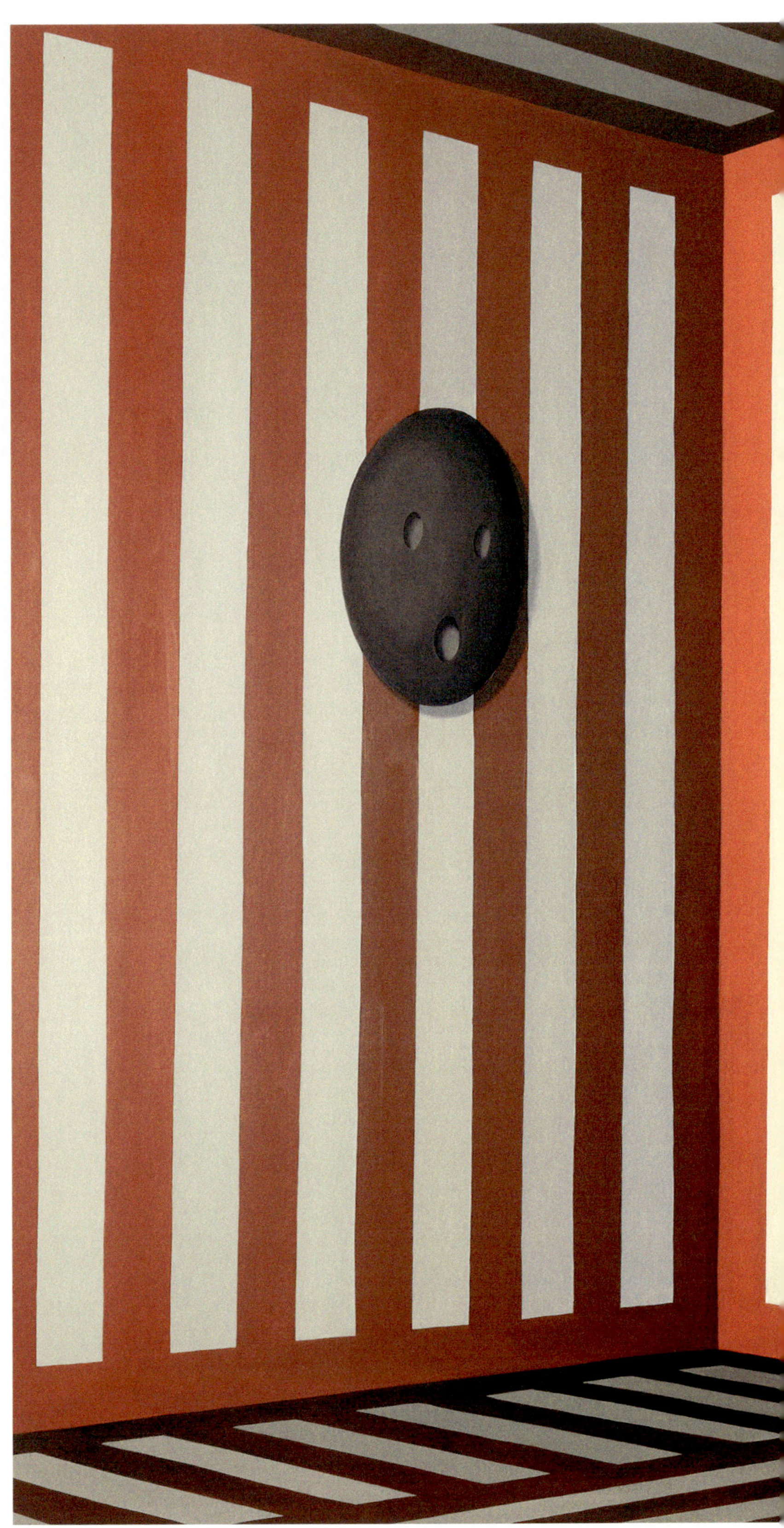

Intérieur 2003

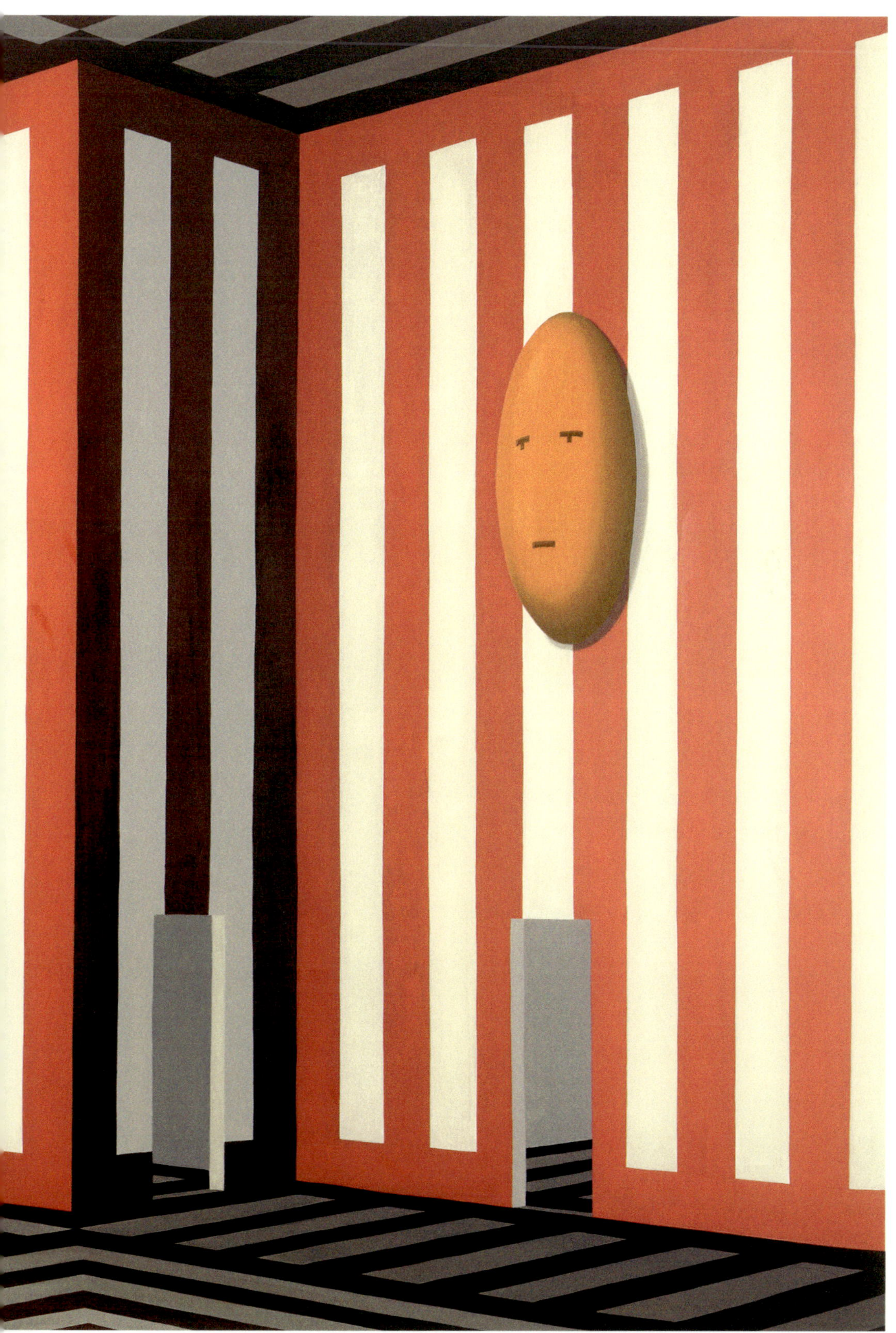

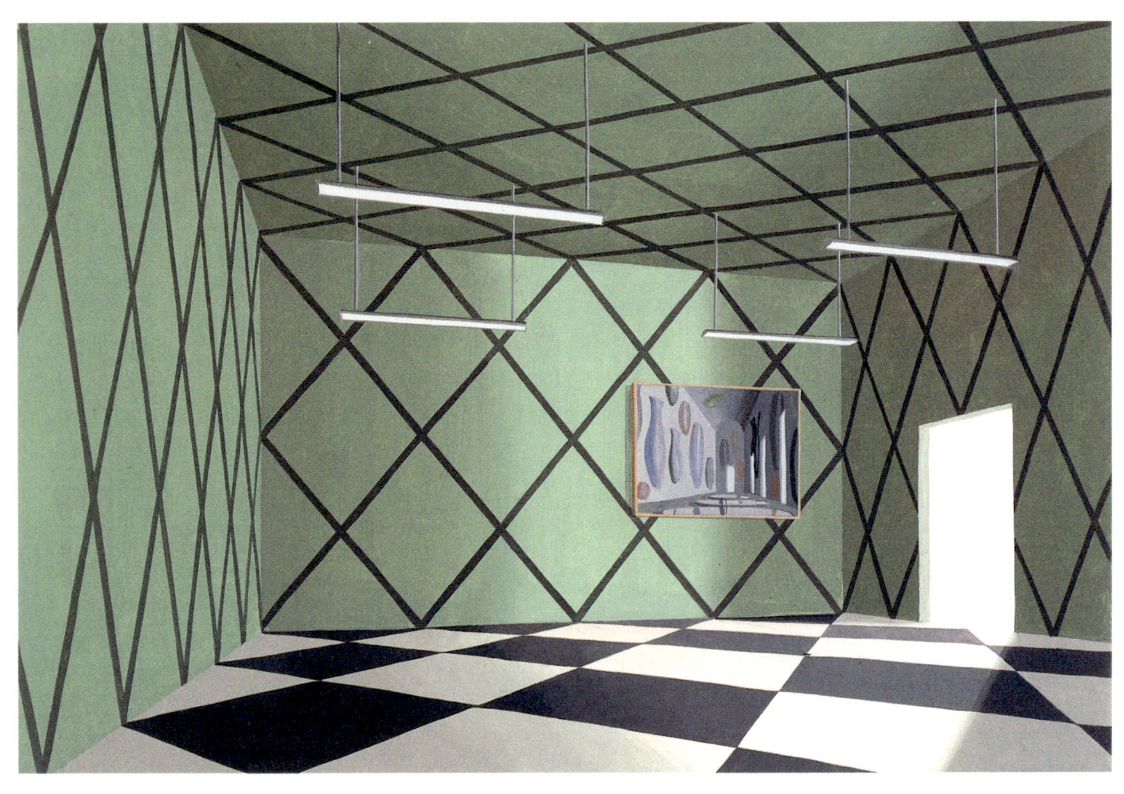

O. T. 2004

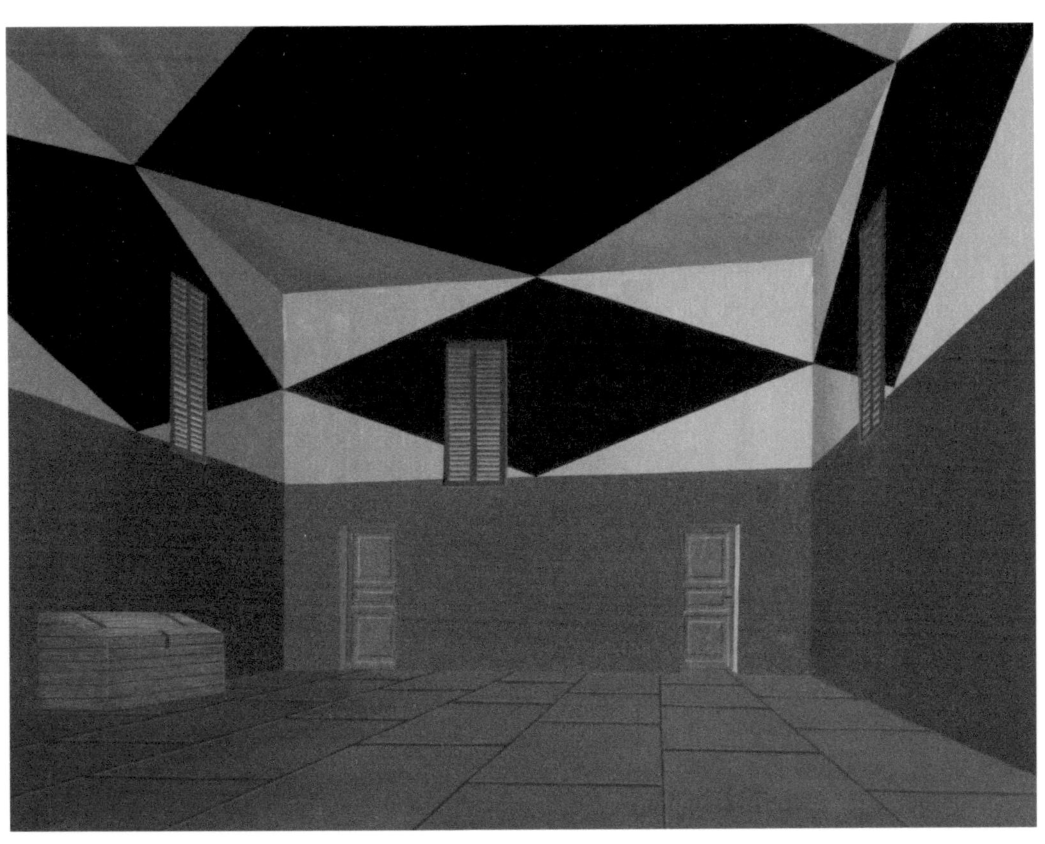

Stille mit Rauten 2005

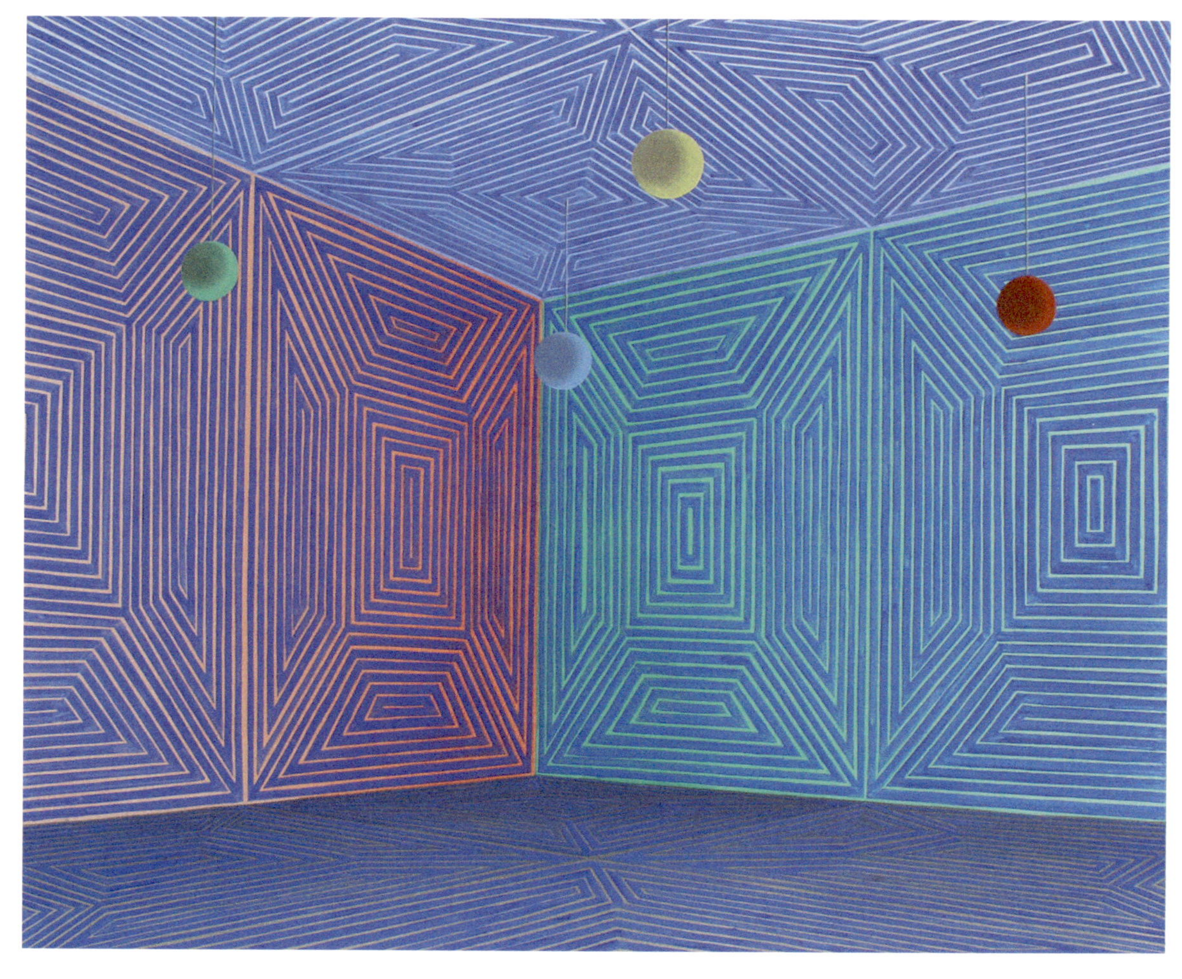

Arabesque 2006

„In der perspektivischen Darstellung, in den sich
öffnenden Räumen im Bild, werden die ursprünglich
rechteckigen Raumflächen zu Rauten verzerrt.
Au, möchte man schreien, wenn man es erkennt. Und
dann versprechen sich diese Bildräume so fern und
unerreichbar, dass man darüber ganz traurig wird:
rauten traurig." T.H.

« Dans la représentation en perspective, dans les
espaces qui s'ouvrent dans le tableau, les surfaces
originairement rectangulaires se transforment en
losanges. Aïe, veut-on crier lorsqu'on voit cela. Et puis
ces espaces picturaux s'engagent si loin et de façon
si inaccessible qu'on en devient tout mélancolique :
languissant comme des losanges. » T.H.

Große Rauten 2005 (S. / pp. 60 / 61)

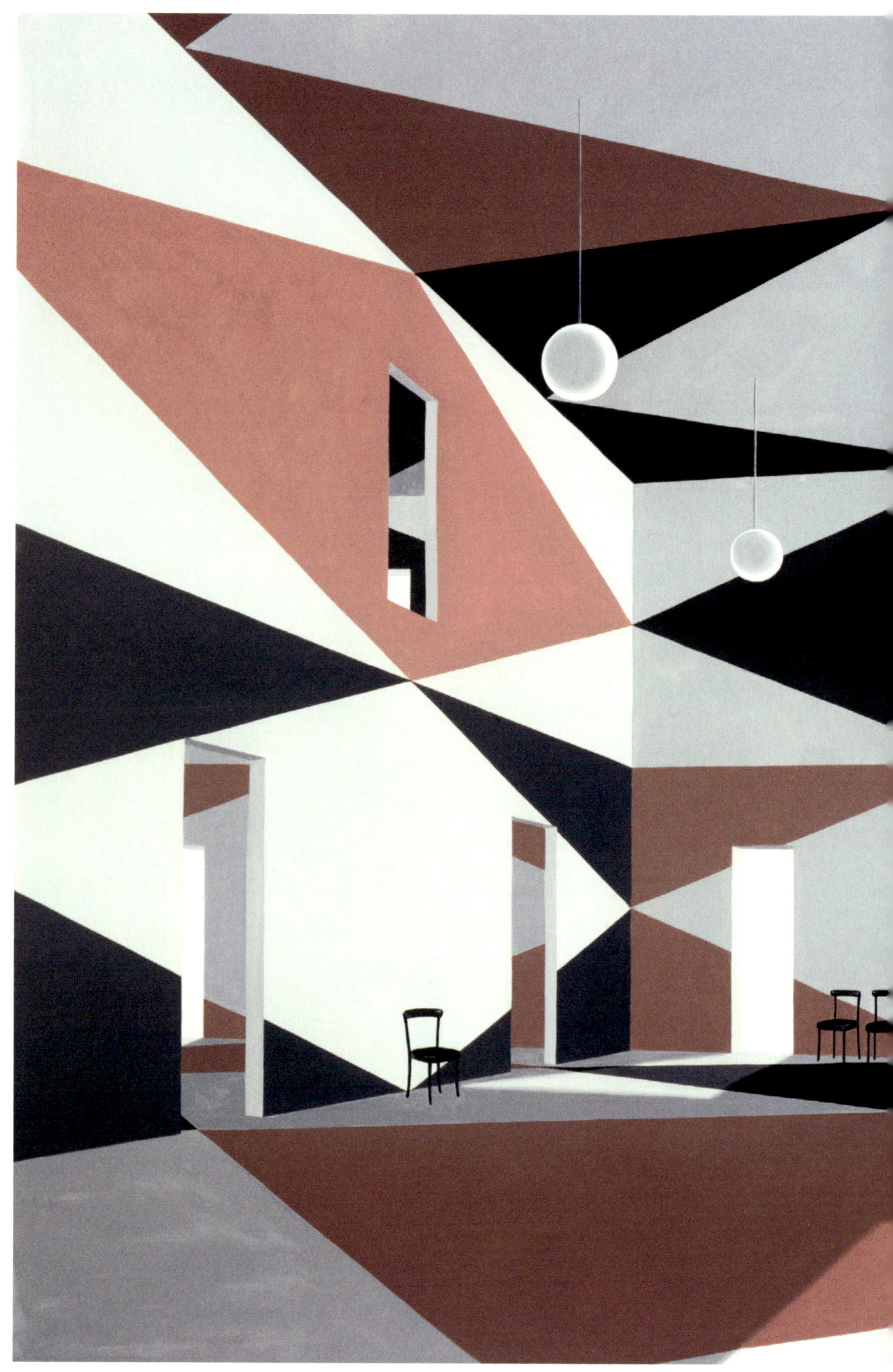

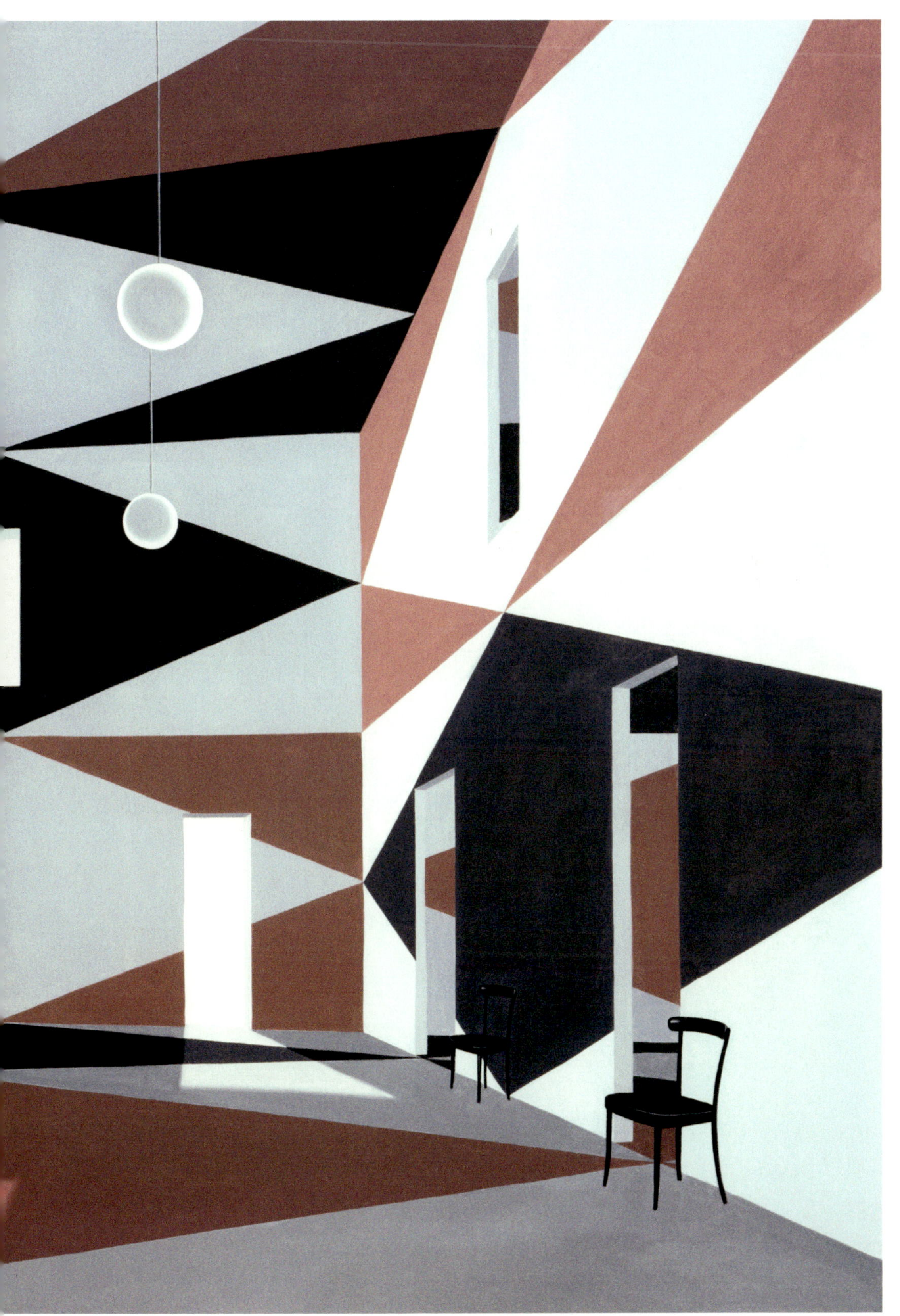

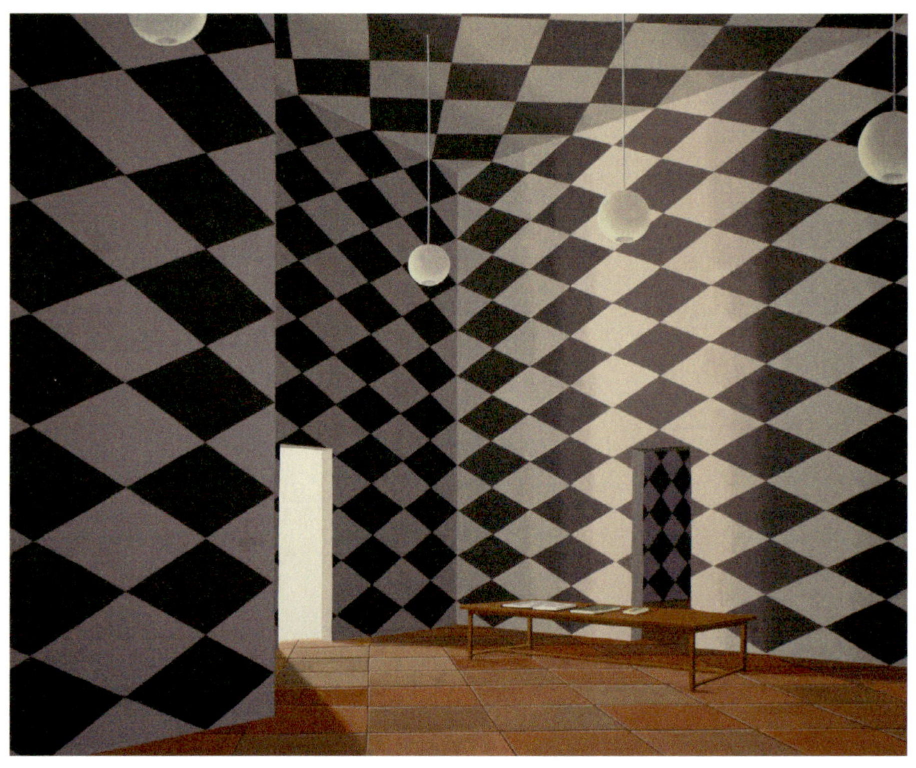

Lektüre 2006

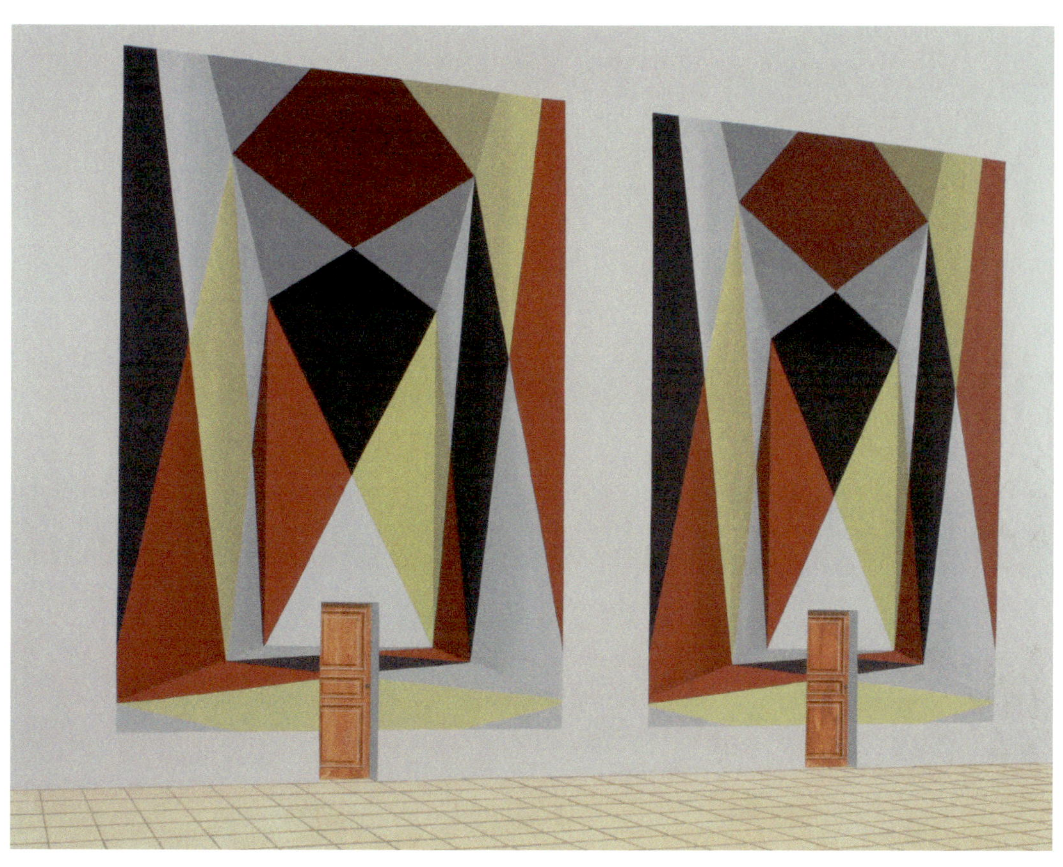

Deux Pièces 2006

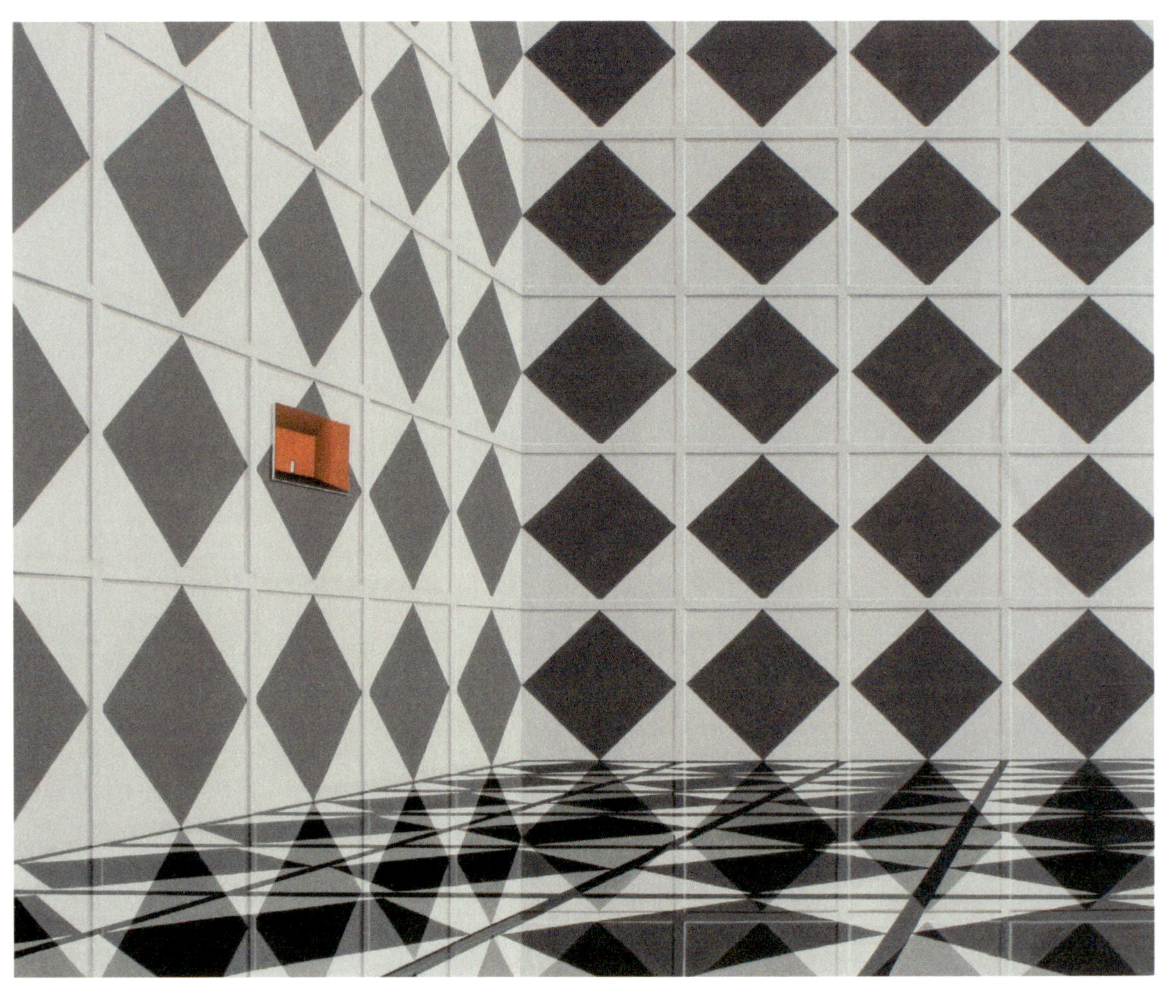

Petit tableau rouge 2006

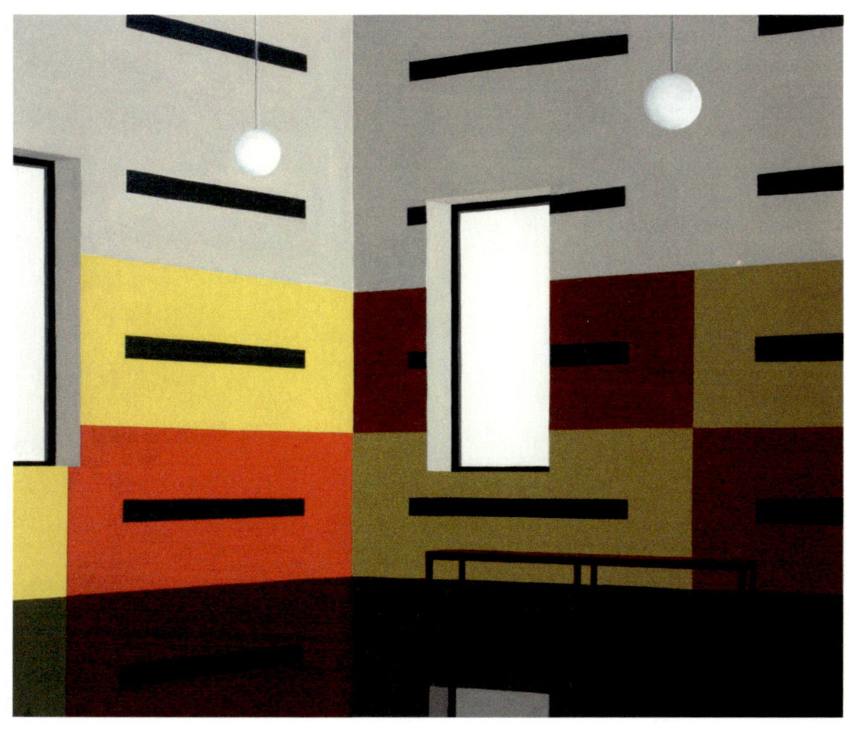

Rot Gelb 2007

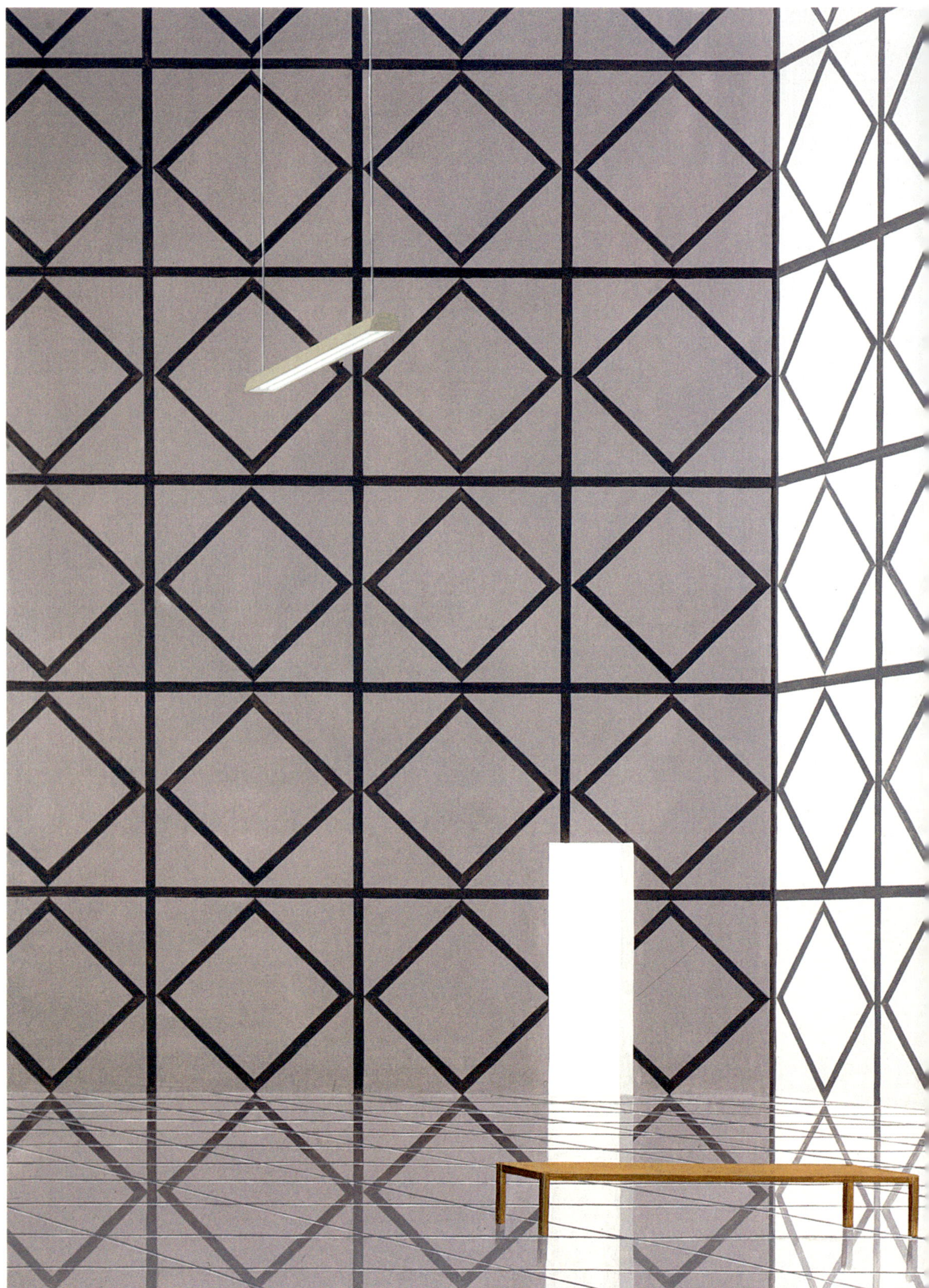

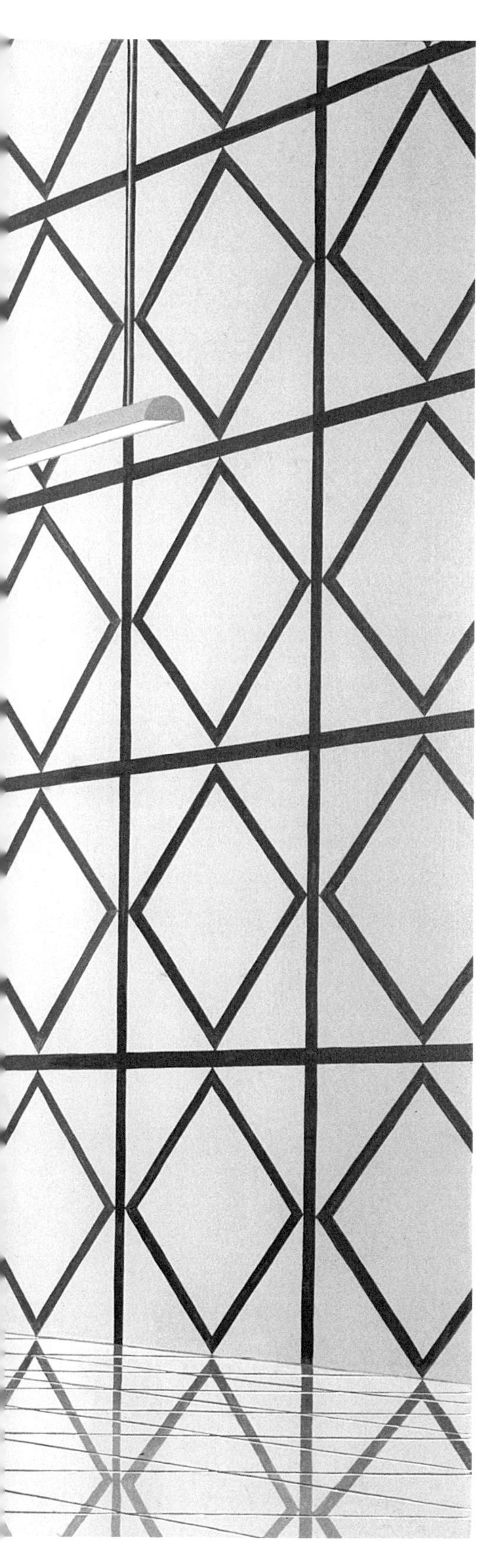

Sitzbank 2005

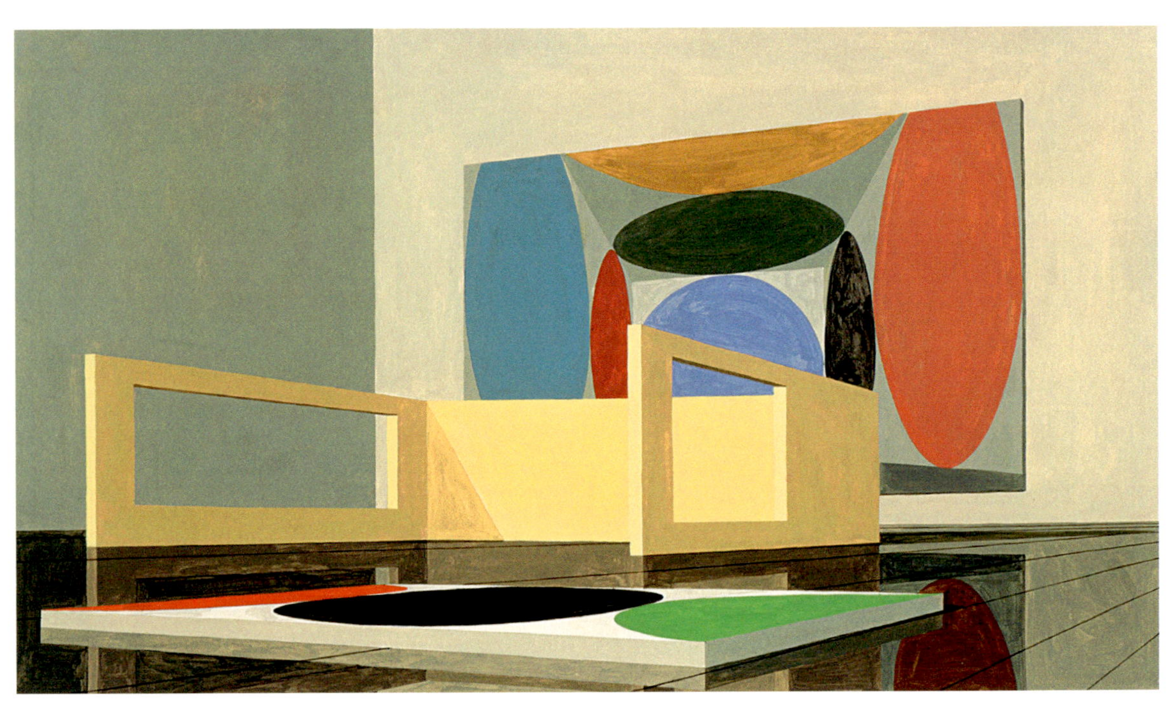

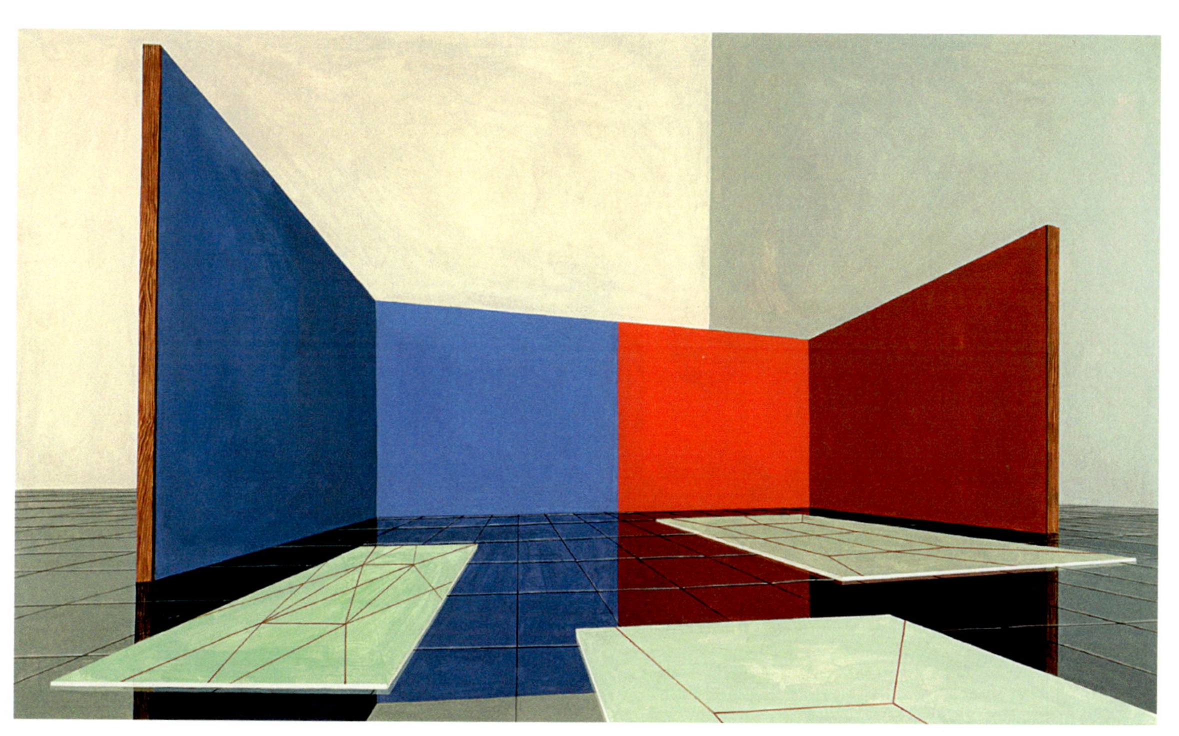

Ausstlellung 4 2003

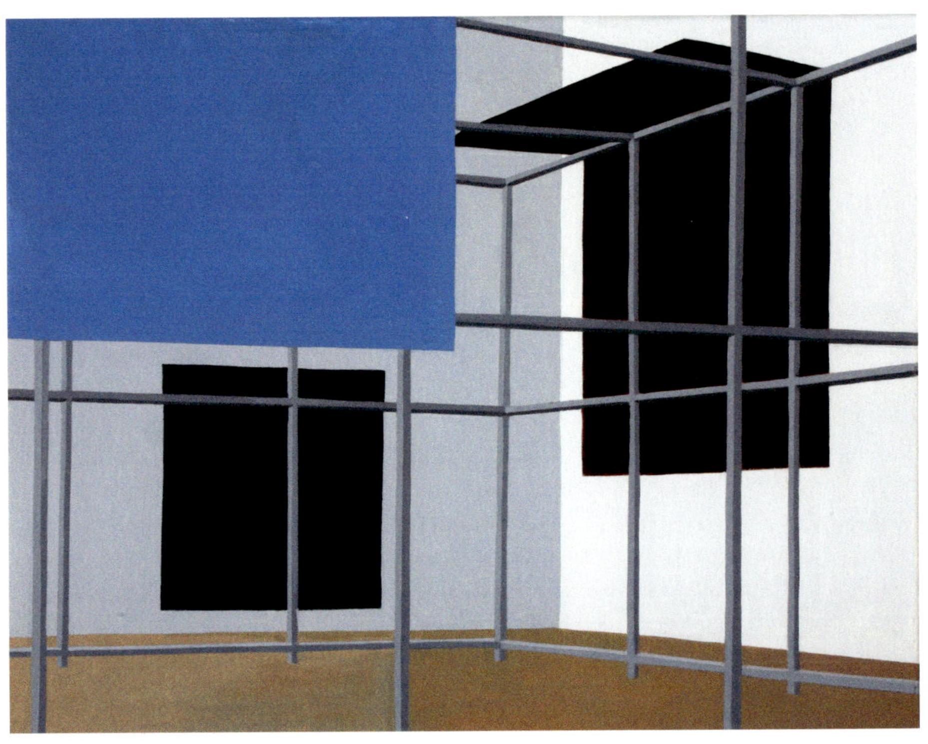

Kleines Gestell 2007

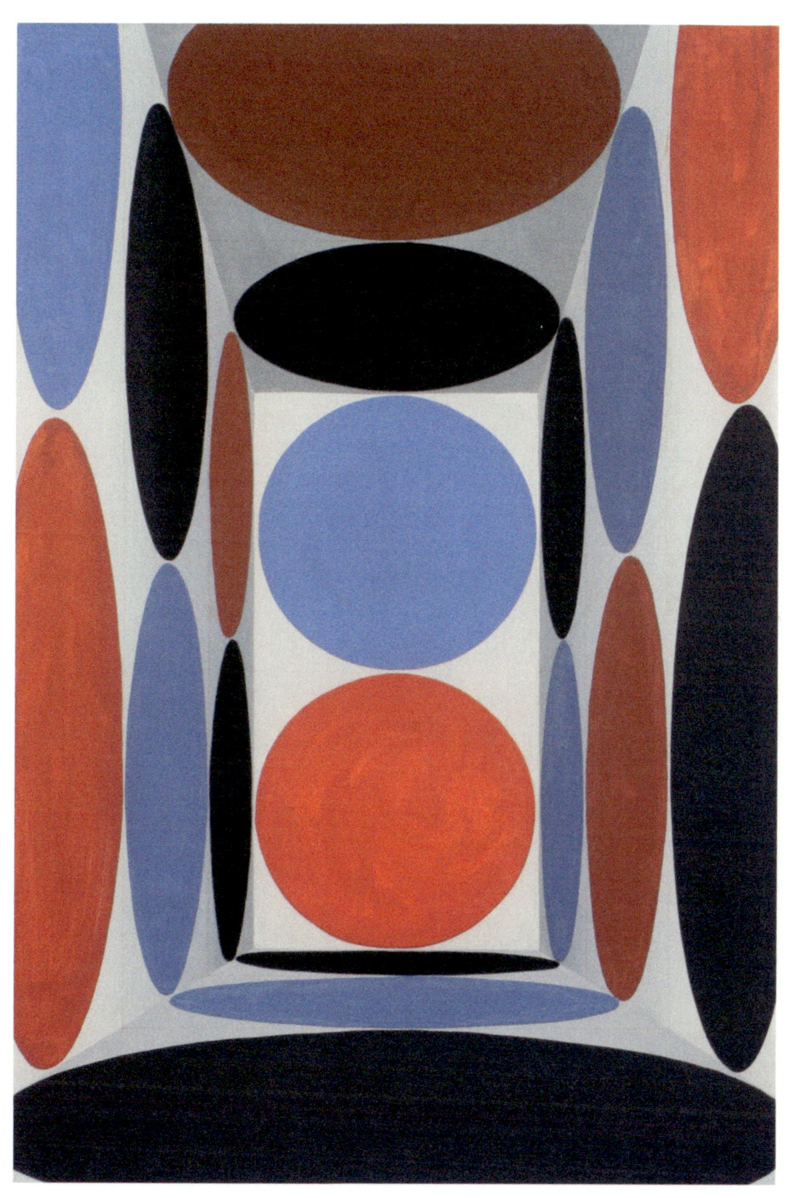

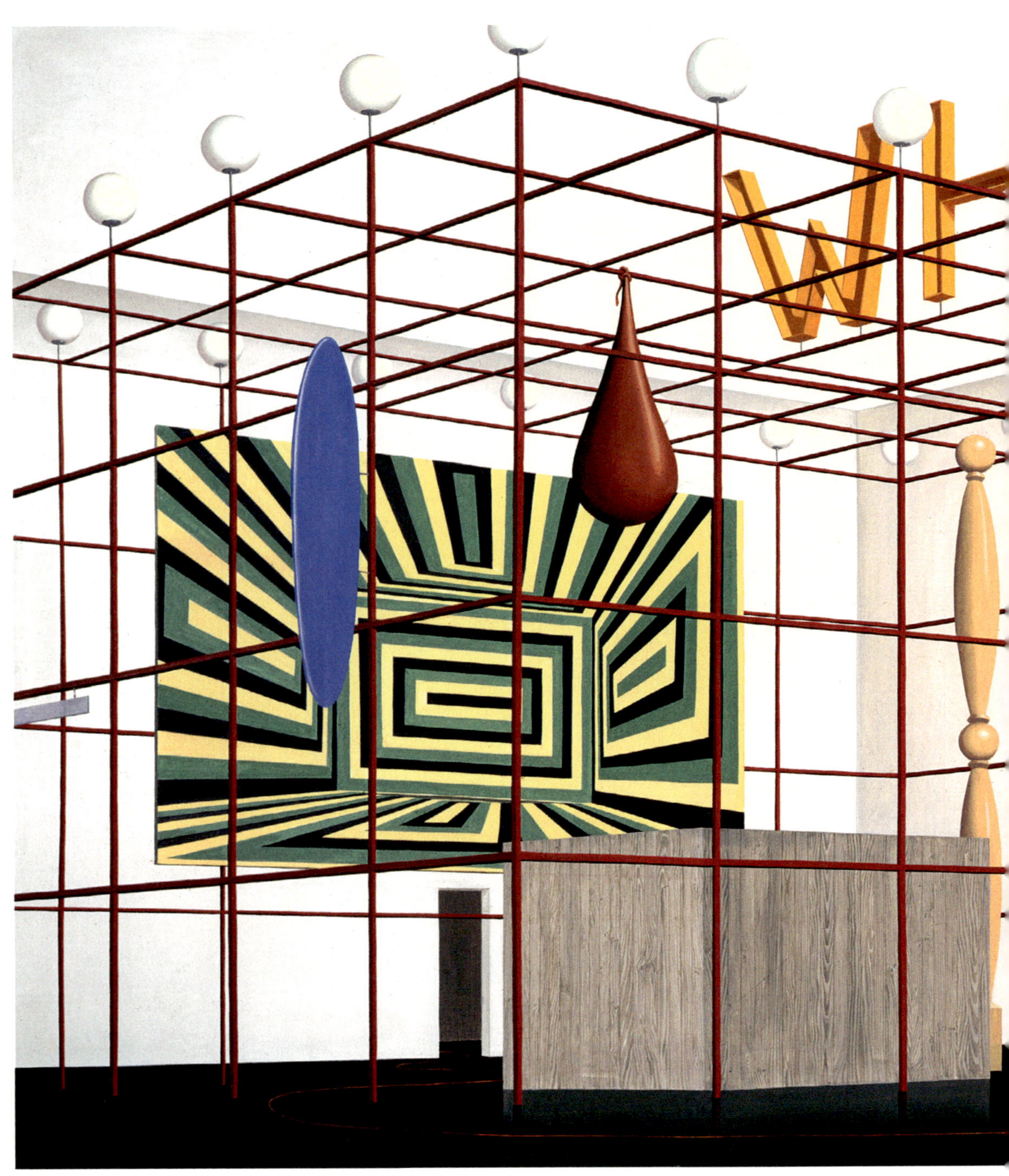

W

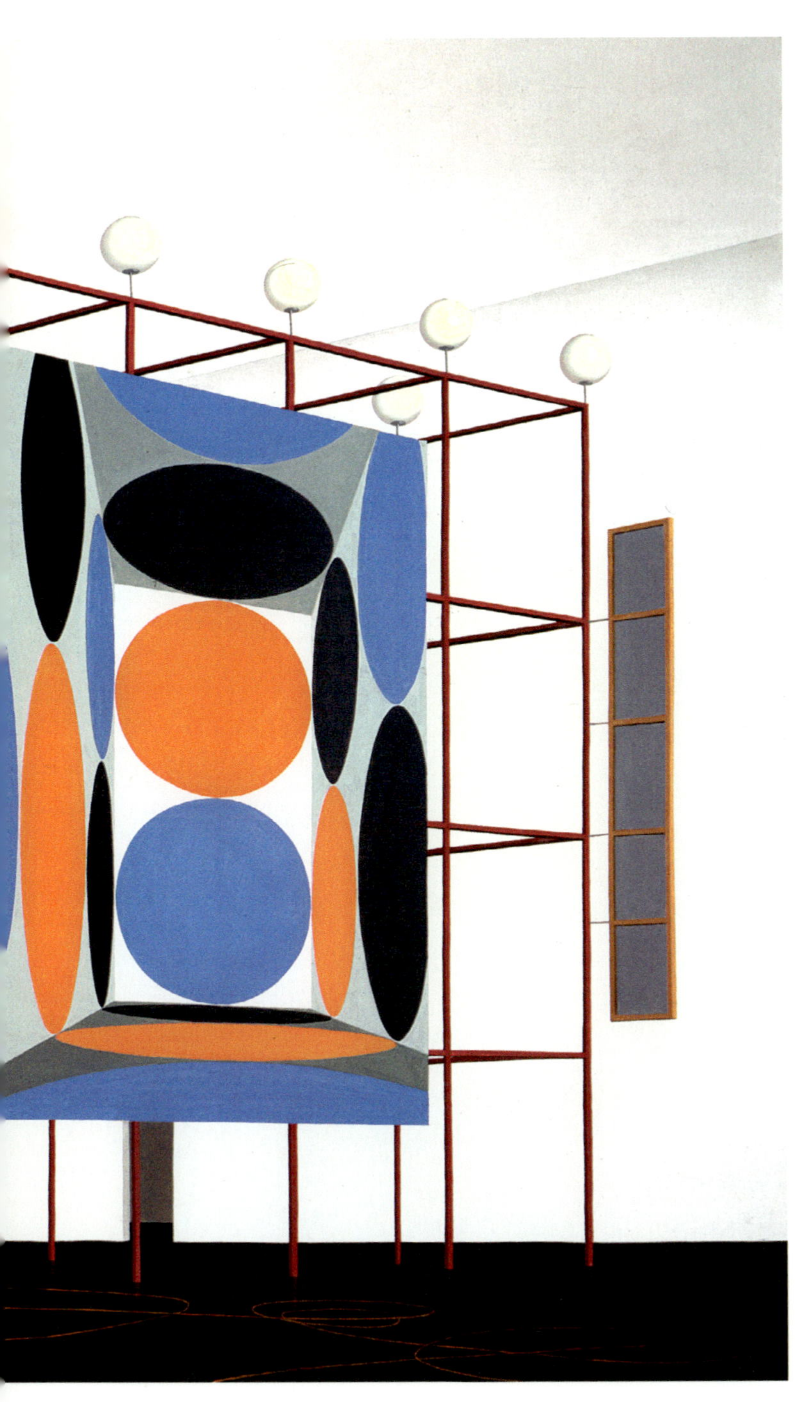

Stellage 2002

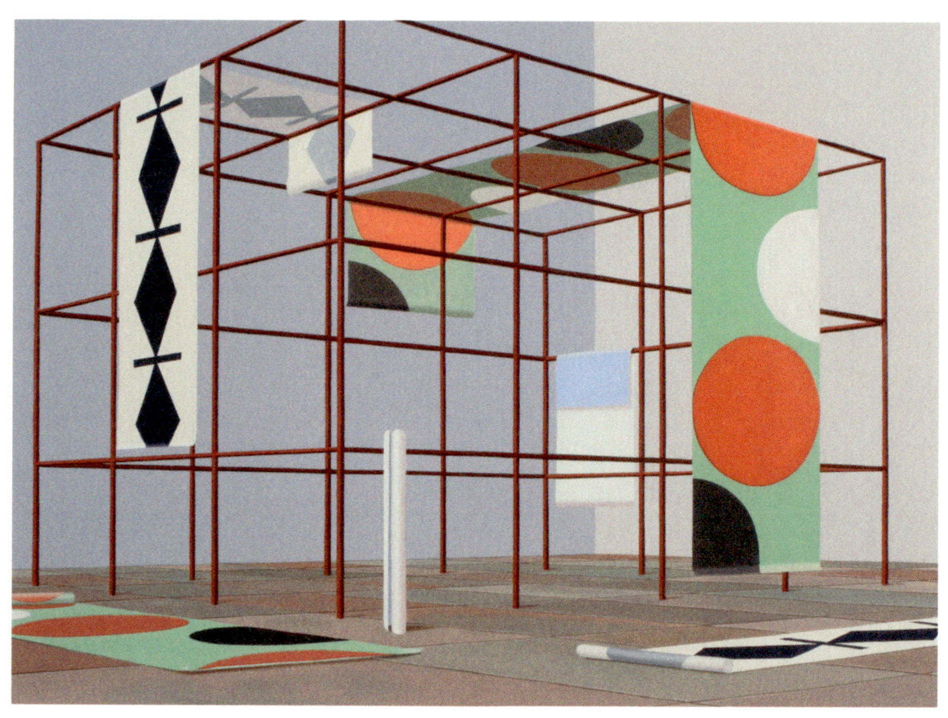

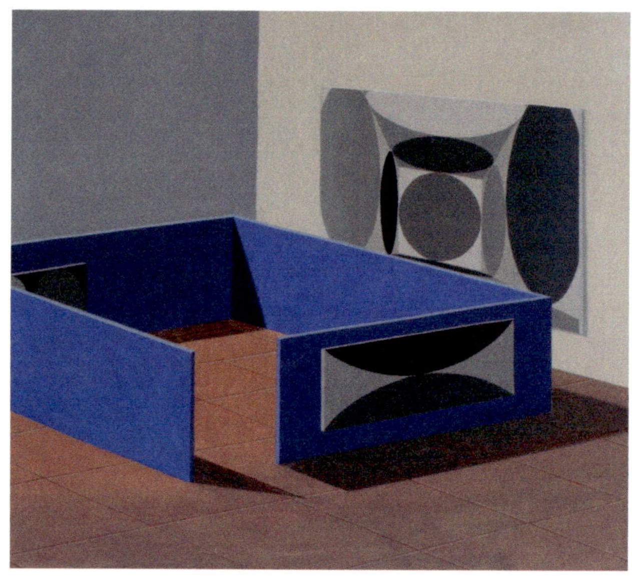

Tréteau 2006
Exposition 2006

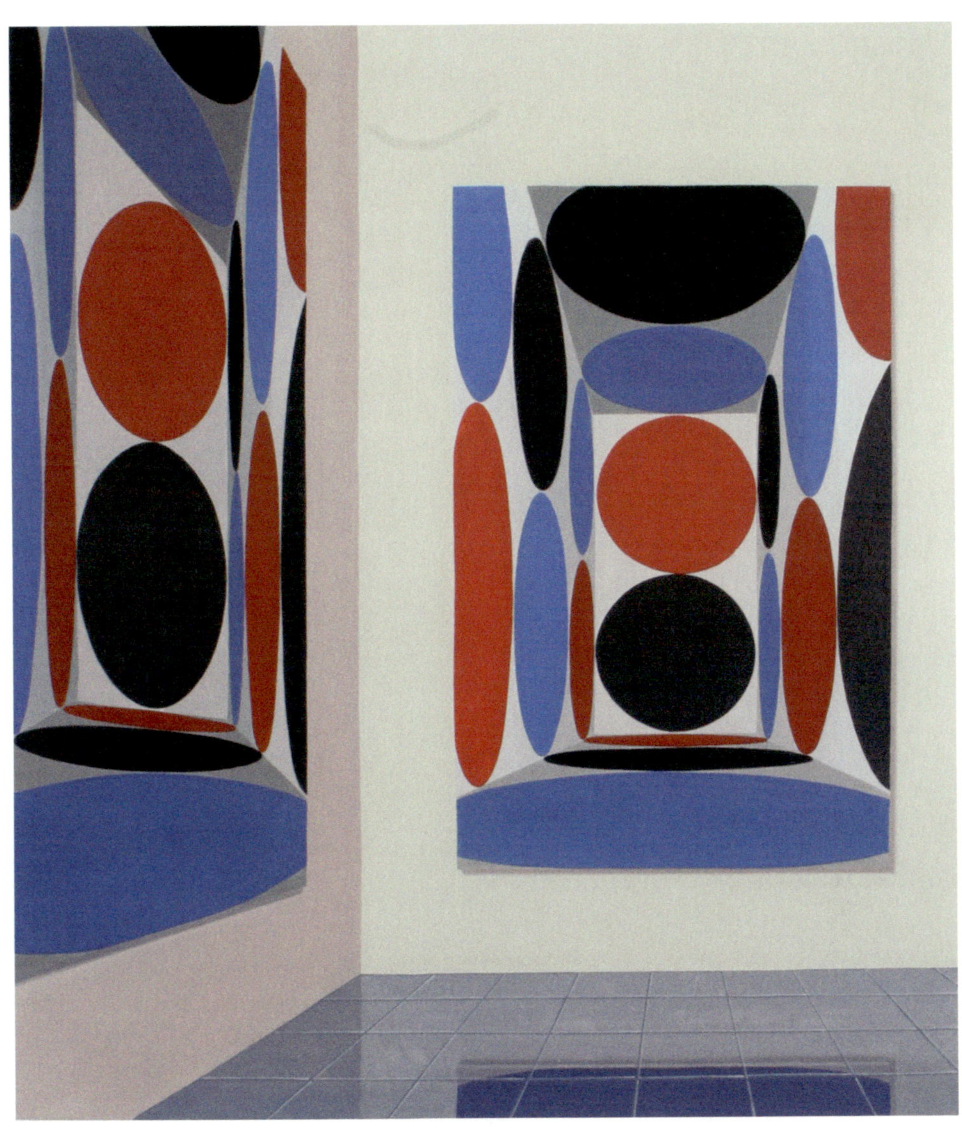

Deux Fois 2006

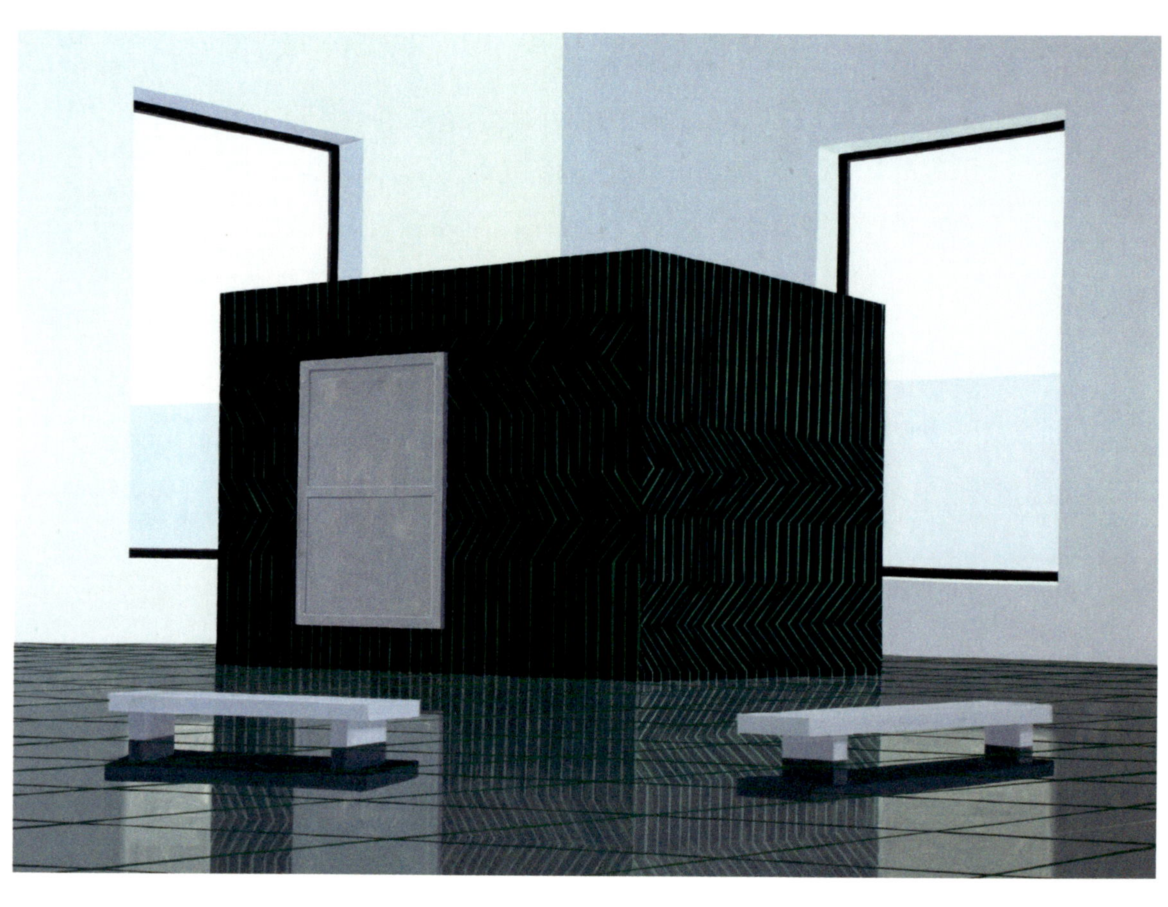

O. T. 2007

„Ich mache hier immer wieder Ordnung. Ordnung
im Bild halte ich für unabdingbar. Nennen Sie mich
darum ruhig den Hausmeister des Bildraumes.
Bilder müssen sauber und ordentlich sein. Ich kehre
zweimal am Tag, es gibt nichts Schlimmeres als
unsaubere Stellen im Bild. Auch hasse ich stickige
Bildräume, darum wird immer mal wieder ordentlich
gelüftet. Ansonsten fühle ich mich wohl im Bild, ich
habe immer zu tun. Nur manchmal ist es hier etwas
einsam." T.H.

« Je fais tout le temps de l'ordre ici. Je considère l'ordre
du tableau comme indispensable. Vous pouvez sans
problème me nommer concierge de l'espace pictural !
Les tableaux doivent être propres et ordonnés.
Je balaie deux fois par jour, il n'y a rien de pire que les
endroits sales dans un tableau. Je déteste aussi les
espaces picturaux étouffants, c'est pourquoi j'aère
toujours abondamment. Pour le reste, je me sens bien
dans le tableau, j'ai toujours à faire. Quelque fois
seulement, je suis un peu seul ici. » T.H.

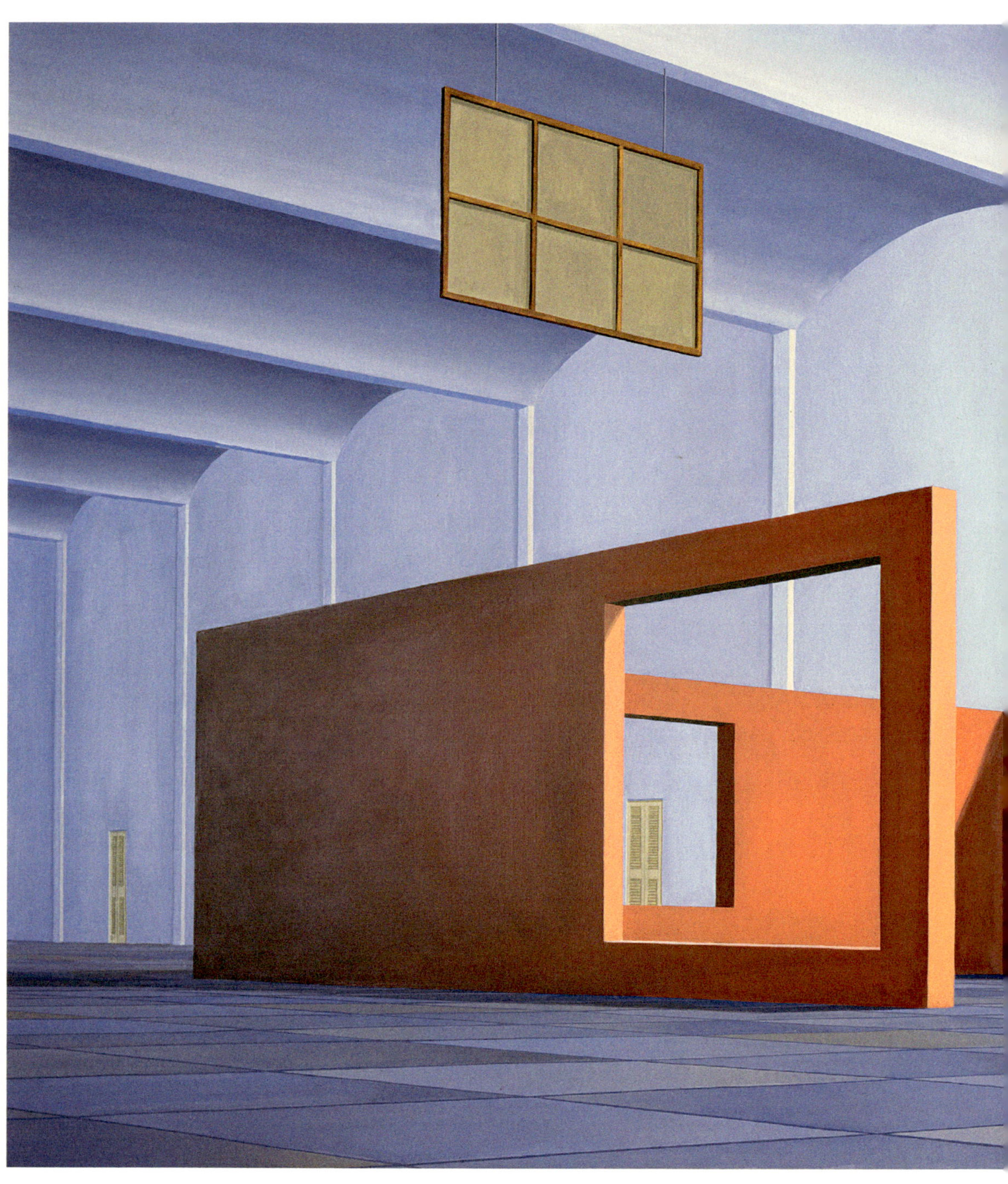

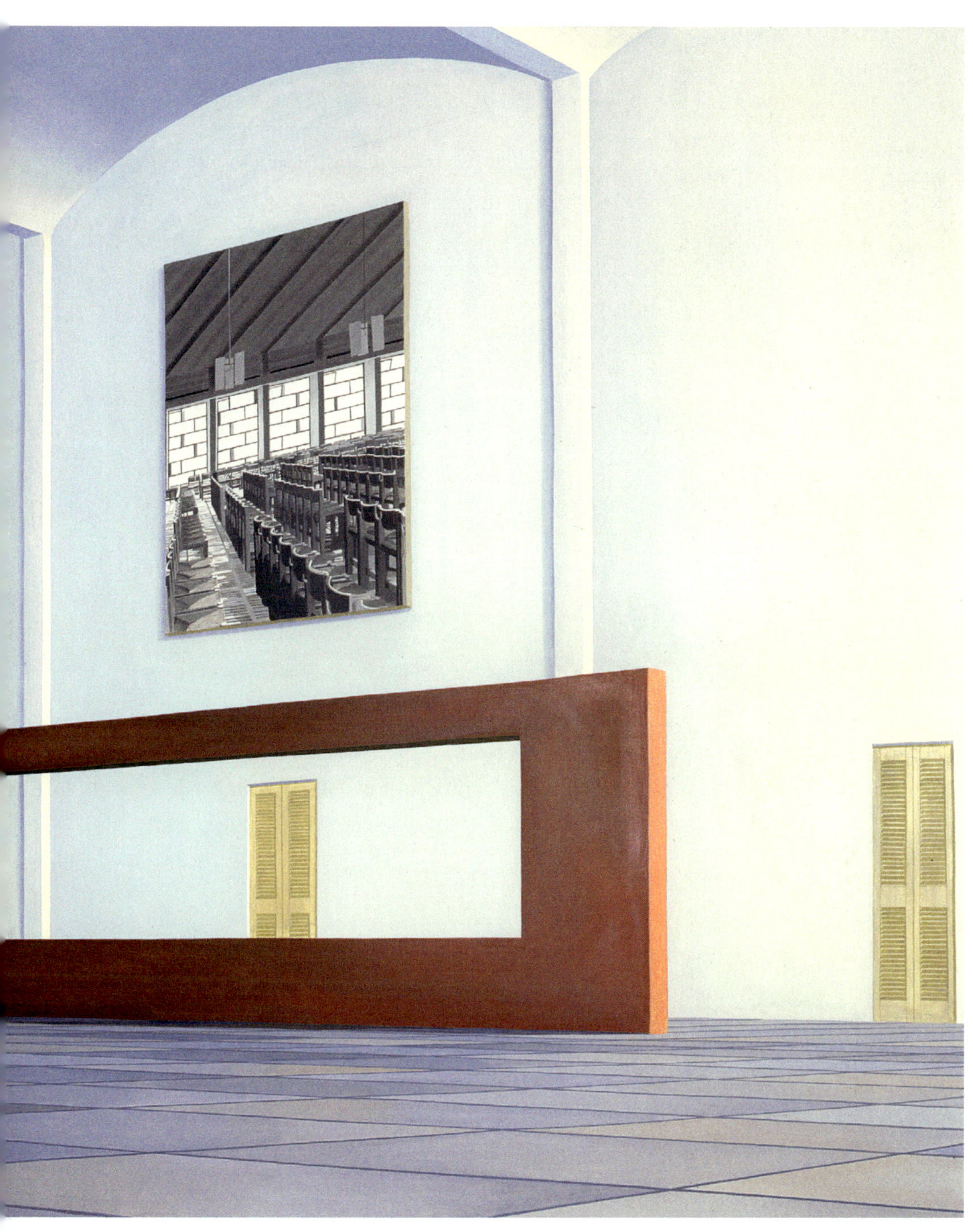

Koje 2003

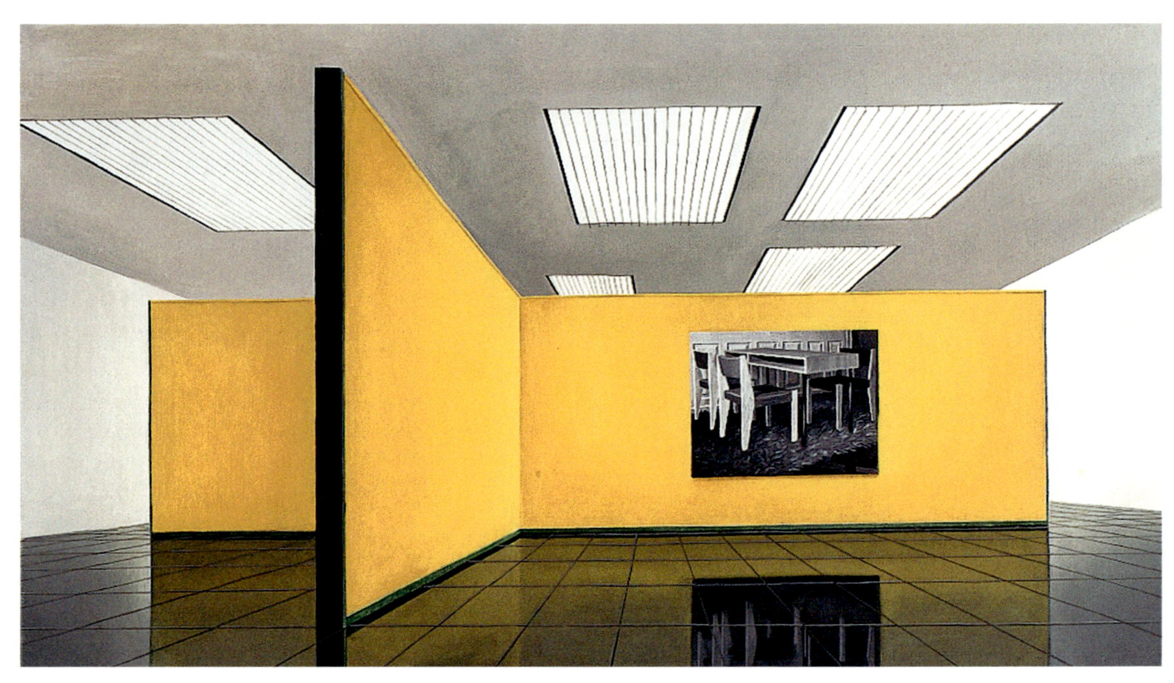

Minervastrasse 2002

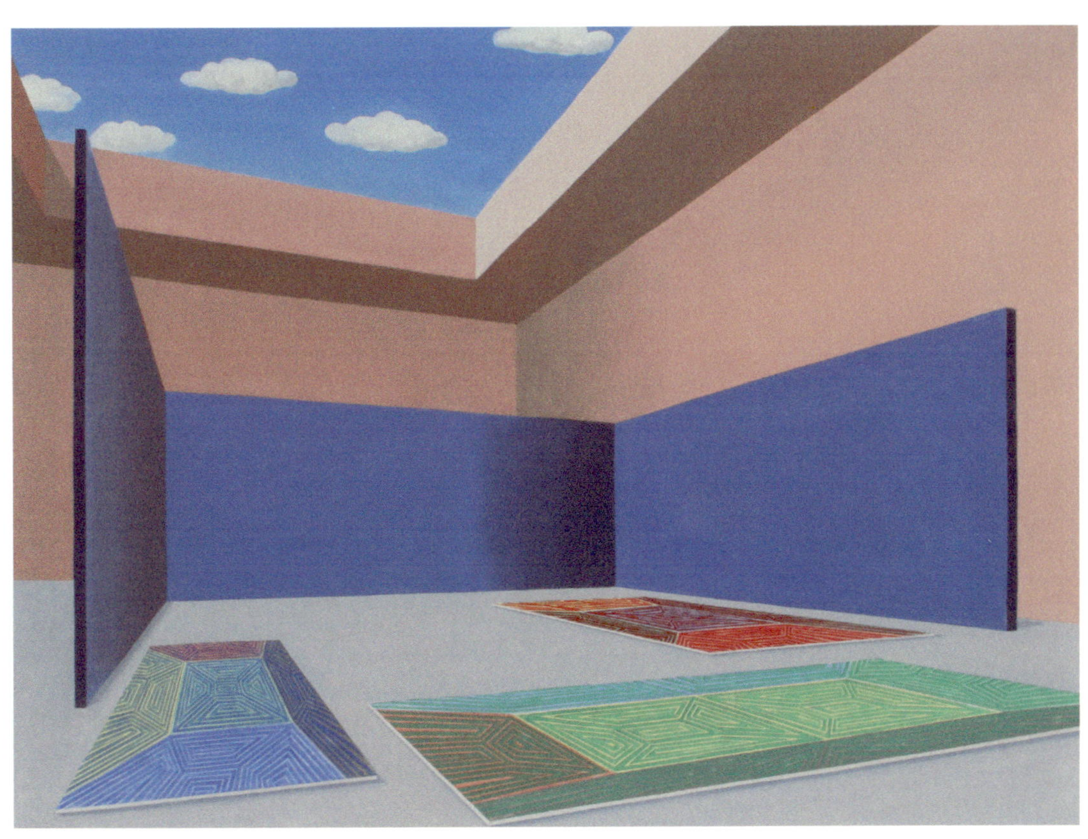

Cimaise bleue 2006

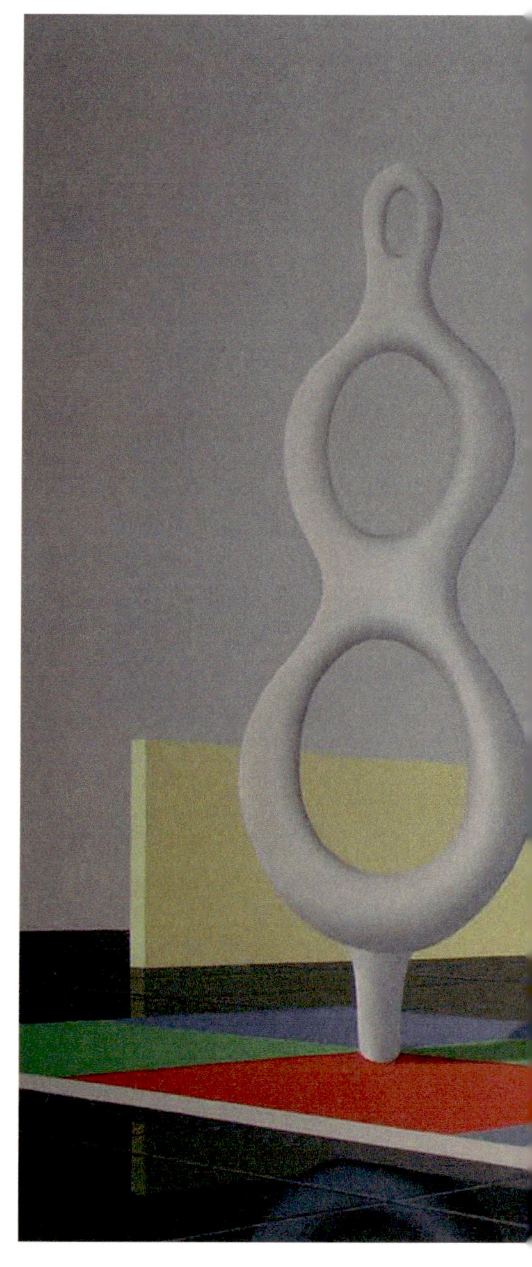

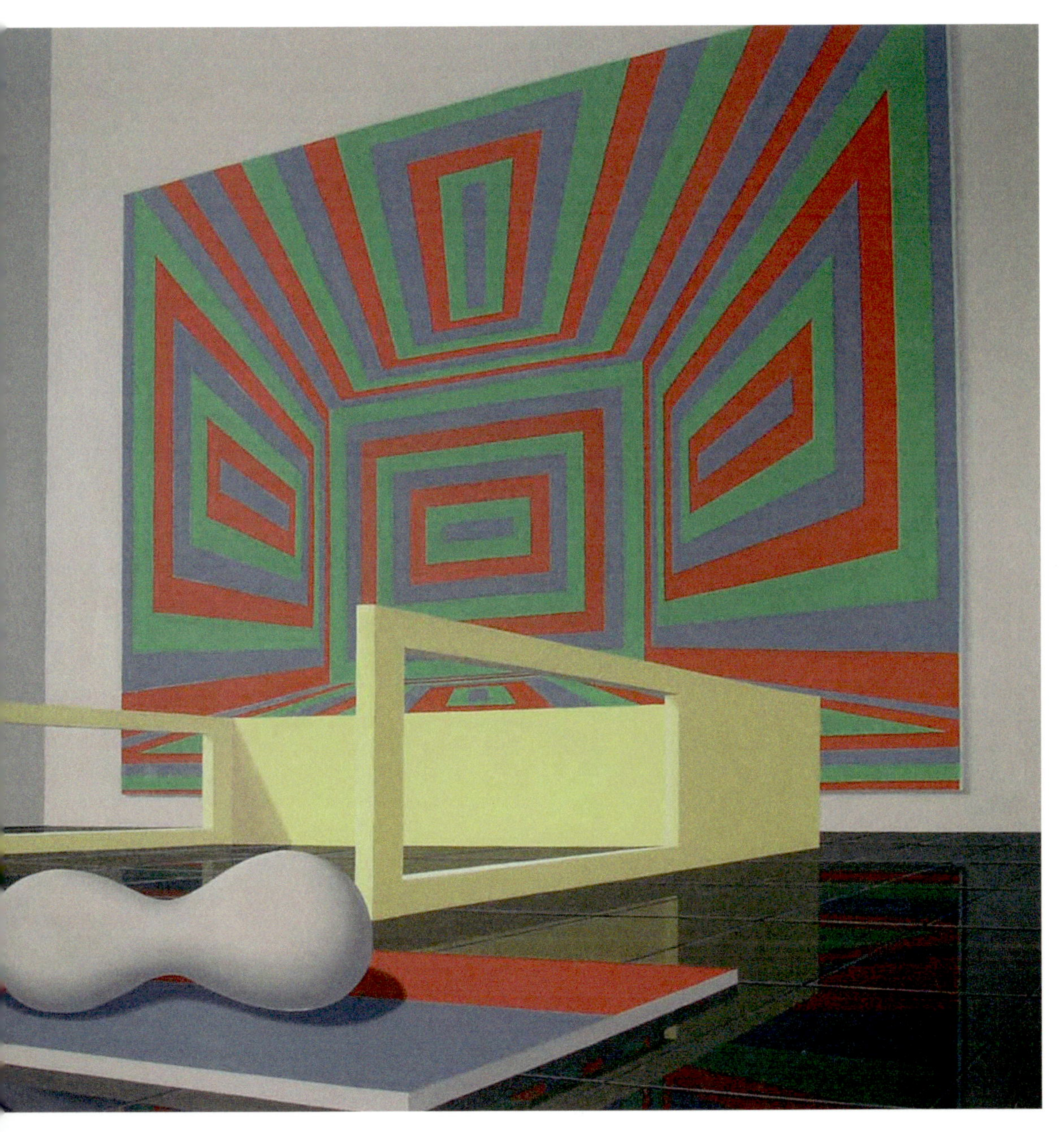

Ausstellung 2003

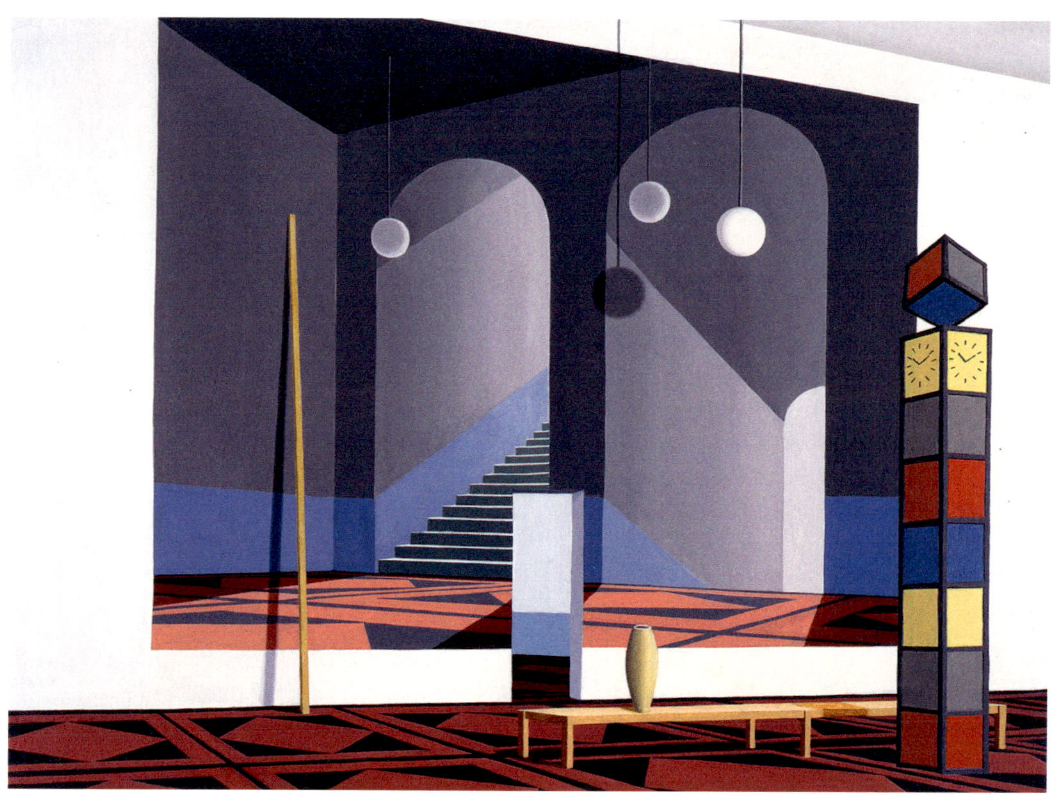

Wandmalerei 2002

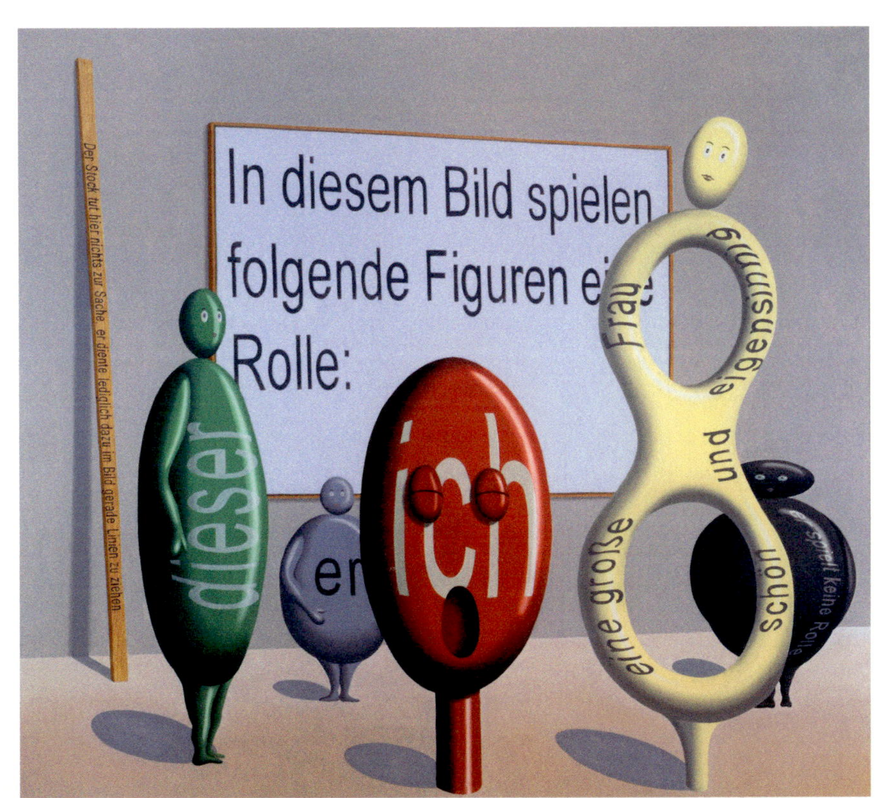

Les figures suivantes jouent un rôle dans cette image :
In this image the following persons play a role:

il
he

je
me

celui-ci
this

une grande femme, belle et entêtée
a large woman, beautiful and headstrong

il ne joue aucun rôle
he does not play a role

In diesem Bild... 2003

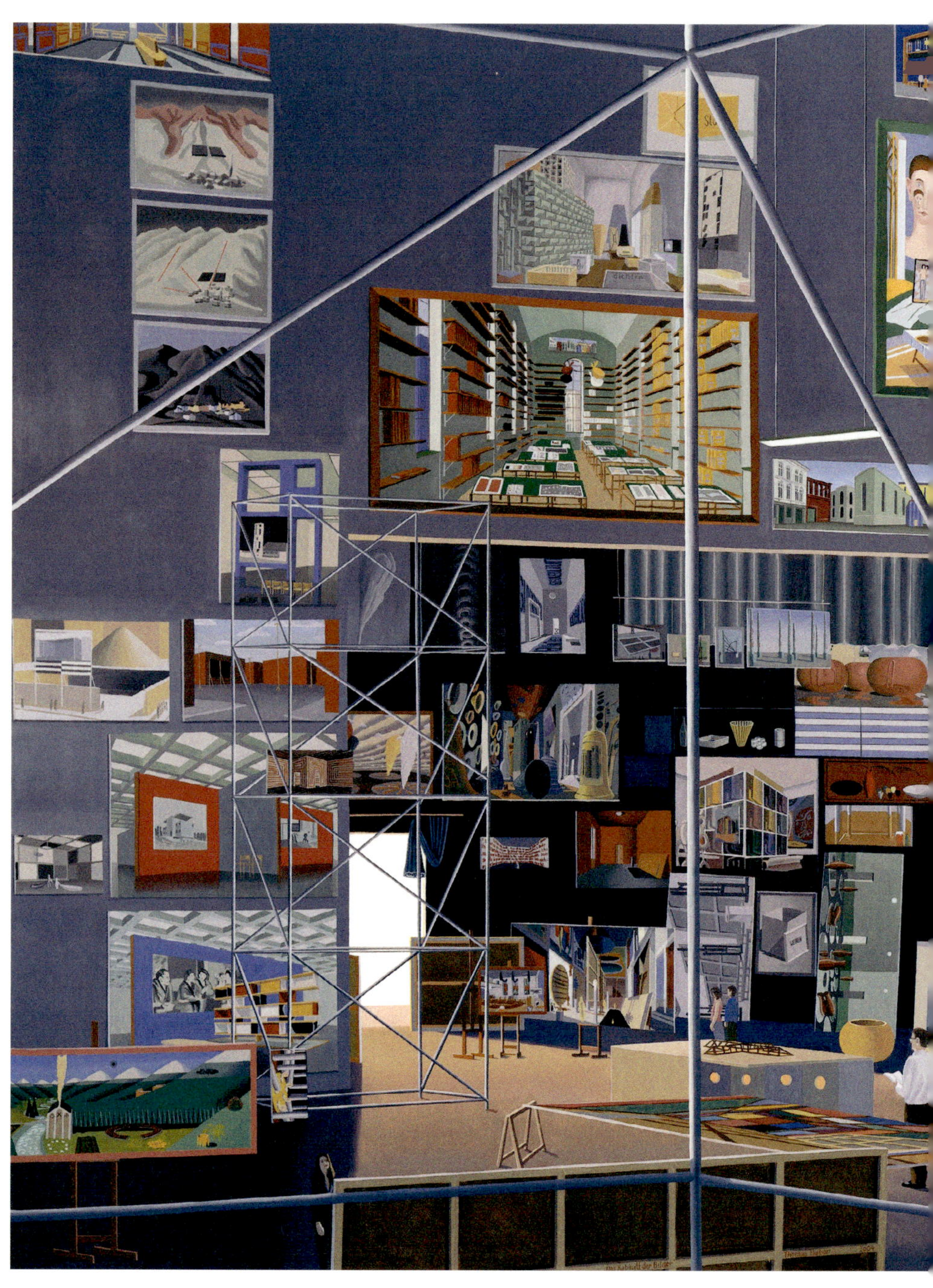

Kabinett der Bilder 2004

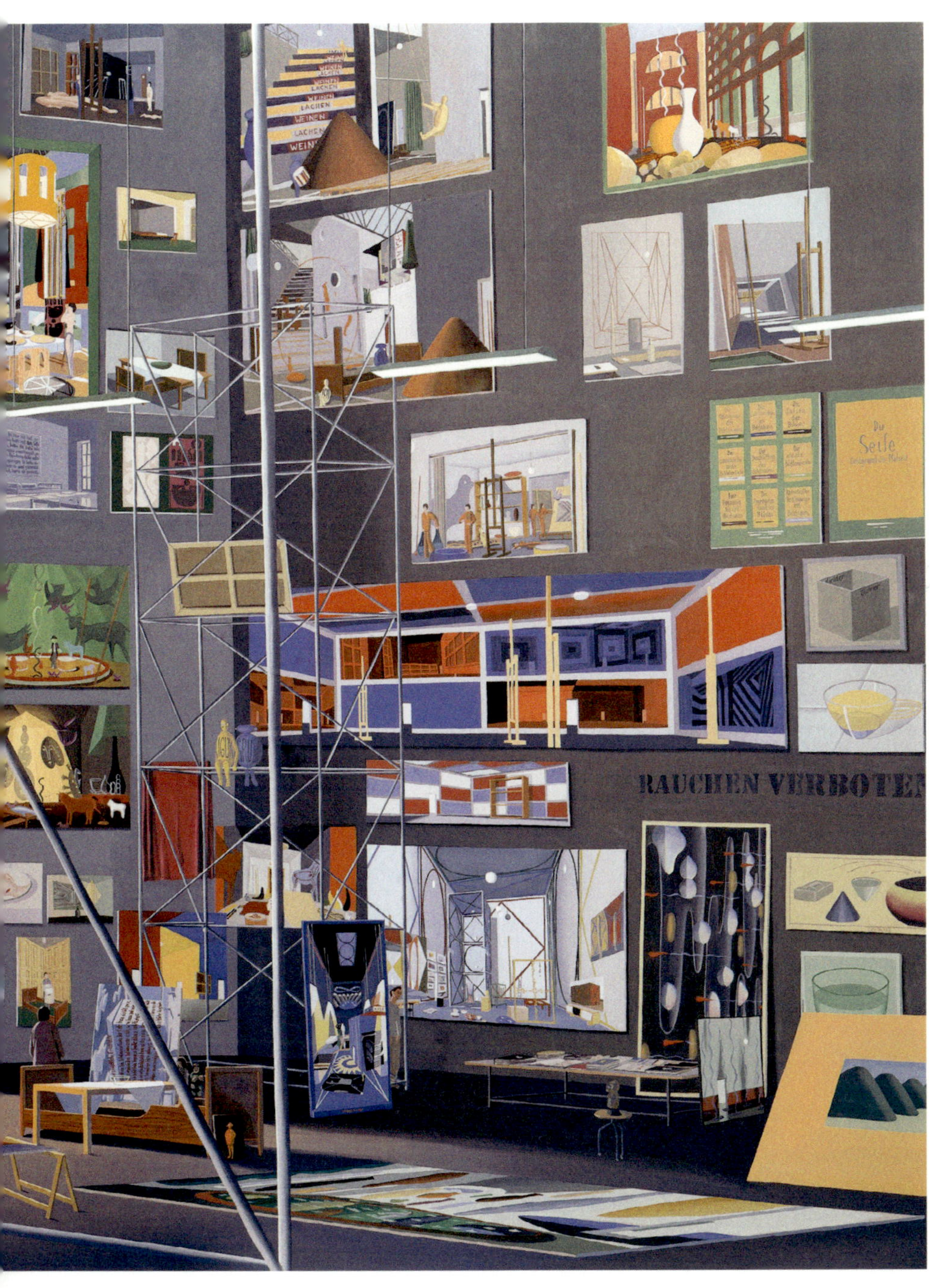

RAUCHEN VERBOTEN
Die Seife

Art parade

"I imagine opening the picture's sealed portals and carrying the spaces hidden behind the portals, out into the open. Just in the same way as one might carry the picture in a museum out into the street. We take the pictures from the walls and carry them into the city, and hold them up, so that everyone can see them." T.H.

Entrée

"The picture resides within the picture. It is revealed within its own being. It emerges as it wishes to be shown. It puts its own displaying on display. What the picture appears to be and its appearance are now one." T.H.

Observation

"No, you cannot see the picture. Under no circumstance can you see the picture. Why can I not see the picture? You would glance at it so hastily. It would dishearten me. You would glance at the picture – a picture that took me so long to create – so hastily. You would grasp in a glance what took me a lifetime, my life, to do. My life would fade so fast, so very fast, before your seeing eye. I would be unable to bear it. No, you may not see the picture." T.H.

Watercolors

"In my mind, the announcement 'works on paper' on an exhibition invitation is absurd. Can one work on paper? On this delicate material, on which even washed hands leave their traces? The word work reminds one of sweat, of heavy things, work clothing, dirt and dirty fingers. I grow des pondent whenever art looks like work. No, artists do not work." T.H.

Theoretical Pictures

"The depth of a picture is a menacing abyss. One must face it carefully if one is not to fall. Without considerable cau-tion, the making of pictures is a dangerous endeavor. It can cause one to perish." T.H.

Openings

"According to the rules of perspective, in the picture's spaces that open up, the originally rectangular spaces are distorted into rhombi. Once one perceives this, one is tempted to cry out. And then these spaces become distant and unapproachable; so much so, that one grows sad: sad facets." T.H.

Exhibition

"I repeatedly create order here. I consider order in a picture to be indispensable. So feel free to call me the caretaker of the picture's space. Pictures must be clean and orderly. I sweep twice a day; there is nothing worse than unclean areas in a picture. I also hate a picture's room to be stale, which is why I air them out once in a while. Other than that, I feel at ease in a picture, I always have something to do. Sometimes, though, it is a bit lonely here." T.H.

Die deutschen und französischen Übersetzungen der Zitate befinden sich im Bildteil dieses Kataloges von S. 20 bis S. 87.
Les traductions allemandes et françaises des citations se trouvent dans la partie illustrée de ce catalogue (p. 20 à 87).
You can find the German and French translations of the quotations in the picture section of this catalog on pp. 20-87.

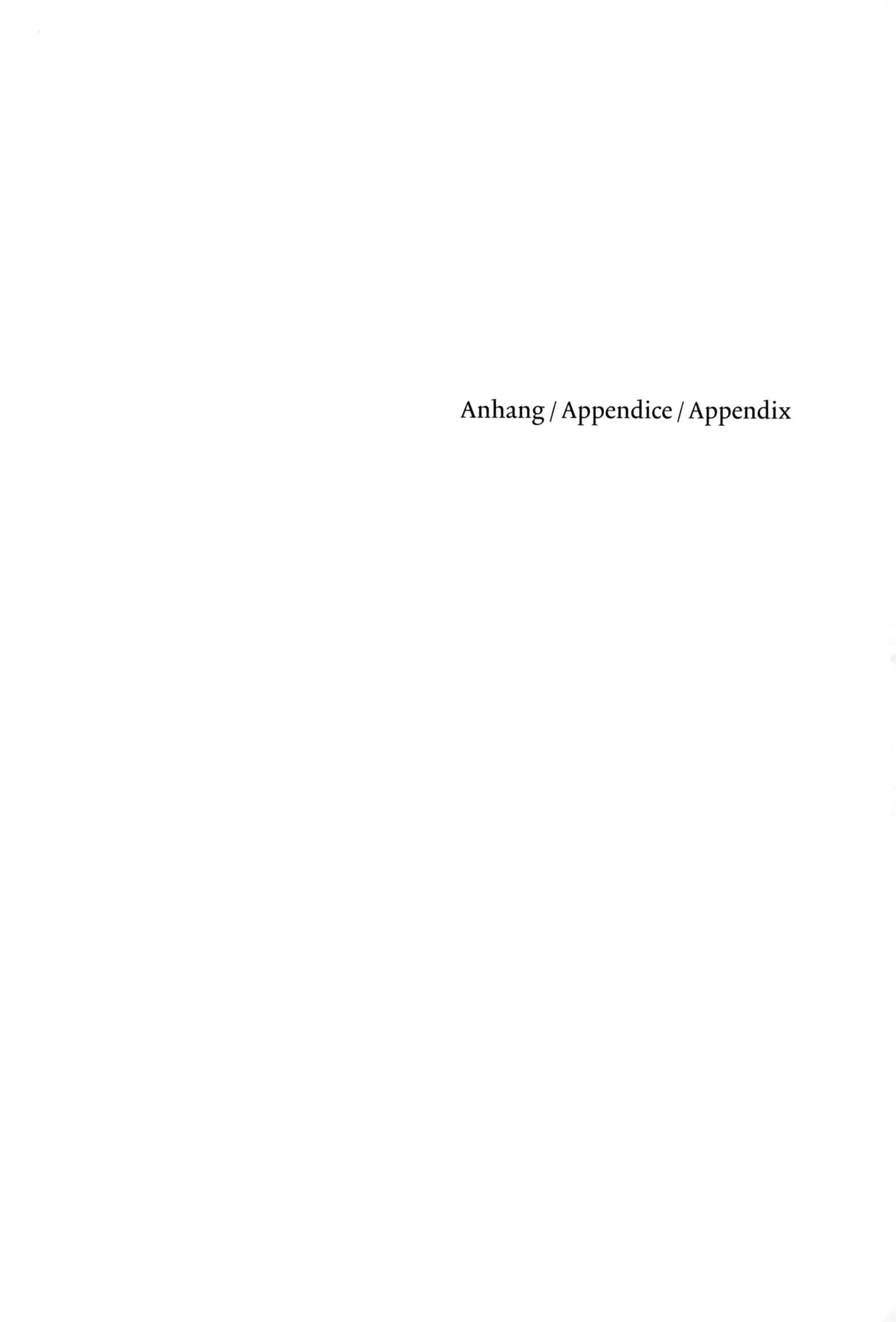

Anhang / Appendice / Appendix

Werkliste / Liste des œuvres / List of works

Parade, 2005 **
Öl auf Leinwand / huile sur toile /
Oil on canvas, 180 x 450 cm
Akademie der Künste, Berlin
S./pp. 20/21

Eingang mit Schild, 2002
Öl auf Leinwand / huile sur toile /
Oil on canvas, 34 x 27 cm
Private collection, London,
courtesy Galerie Skopia, Genf
S./p. 23

Angle II, 2002
Öl auf Leinwand / huile sur toile /
Oil on canvas, 180 x 150 cm
Collection Fonds cantonal d'art
contemporain – État de Genève,
courtesy Galerie Skopia, Genf
S./p. 25

Angle I, 2002
Öl auf Leinwand / huile sur toile /
Oil on canvas, 180 x 150 cm
Private collection,
courtesy Galerie Louis Carré & Cie
Monsieur Patrick Bongers
S./p. 27

Le début, 2006
Öl auf Leinwand / huile sur toile /
Oil on canvas, 200 x 160 cm
Privatsammlung, Lausanne,
courtesy Galerie Skopia, Genf
S./p. 29

Theaterszene, 2002
Öl auf Leinwand / huile sur toile /
Oil on canvas, 50,5 x 60,5 cm
Private collection, courtesy Galerie
Louis Carré & Cie, Paris, S./p. 30

Supraporta, 1996
Öl auf Leinwand / huile sur toile /
Oil on canvas, 40 x 30 cm
Collection Jean-Paul Jungo, Genève,
courtesy Galerie Skopia, Genf
S./p. 30

Fenster, 2007
Öl auf Leinwand / huile sur toile /
Oil on canvas, 120 x 80 cm
Courtesy the artist and Galerie Rupert
Pfab, Düsseldorf, S./p. 31

Glasfenster, 2007
Öl auf Leinwand / huile sur toile /
Oil on canvas, 90 x 70 cm
Courtesy the artist and Galerie Rupert
Pfab, Düsseldorf, S./p. 32

Intérieur du Studio, 2006
Öl auf Leinwand / huile sur toile /
Oil on canvas, 120 x 150 cm
Private collection, courtesy
Galerie Louis Carré & Cie, S./p. 33

Staffelei, 2007
Öl auf Leinwand / huile sur toile /
Oil on canvas, 60 x 50 cm
Sammlung Friebe, Düsseldorf,
courtesy Galerie Rupert Pfab,
Düsseldorf, S./p. 34

Nr 31, 2002
Öl auf Leinwand / huile sur toile /
Oil on canvas, 200 x 150 cm
Sammlung Marta Herford, courtesy
Galerie carlier | gebauer, Berlin
S./p. 37

Der Bildaushub, 2003
Öl auf Leinwand / huile sur toile /
Oil on canvas, 80 x 100 cm
Privatsammlung Schweiz,
courtesy Galerie Skopia, Genf
S./p. 38

Richtiger Standpunkt, 2007
Tempera auf Leinwand / tempera
sur toile / Tempera on canvas,
65 x 90 cm
Privatbesitz, courtesy Galerie Rupert
Pfab, Düsseldorf, S./p. 39

Georgs Raum, 1993
Öl auf Leinwand / huile sur toile /
Oil on canvas, 60 x 85 cm
G. u E. Böhringer
S./p. 39

Blaues Studio mit Aquarellen, 2005
Öl auf Leinwand / huile sur toile /
Oil on canvas, 100 x 130 cm
Privatsammlung Schweiz,
courtesy Galerie Skopia, Genf
S./p. 41

Vitrine, 2006
Öl auf Leinwand / huile sur toile /
Oil on canvas, 130 x 150 cm
Courtesy Galerie Louis Carré & Cie
S./p. 43

Entresol, 2003
Öl auf Leinwand / huile sur toile /
Oil on canvas, 200 x 150 cm
Mieke und Fans Bollen, courtesy
Galerie Akinci, Amsterdam
S./p. 45

Halle mit Streifen, 2004
Öl auf Leinwand / huile sur toile /
Oil on canvas, 50 x 65 cm
Collection privée, Genève, courtesy
Galerie Skopia, Genf, S./p. 46

Baustelle, 2007
Öl auf Leinwand / huile sur toile /
Oil on canvas, 110 x 120 cm
Sammlung Riccardo Rossi, courtesy
Galerie Rupert Pfab, Düsseldorf
S./p. 47

Drei Vitrinen, 2007 *
Öl auf Leinwand / huile sur toile /
Oil on canvas, 204 x 194 cm
Sammlung WestLB, courtesy Galerie
Skopia, Genf, S./pp. 48/49

Maßgabe, 2003
Öl auf Leinwand / huile sur toile /
Oil on canvas, 150 x 200 cm
Collection privée, Genève, courtesy
Galerie Skopia, Genf, S./p. 50

Winkelsumme im Bildraum, 2003
Öl auf Leinwand / huile sur toile /
Oil on canvas, 50 x 80 cm
Courtesy the artist and Galerie Skopia,
Genf, S./p. 51

Winkel im Bildraum, 2003
Öl auf Leinwand / huile sur toile /
Oil on canvas, 60 x 50 cm
Private Collection Edwin + Antoinette
Brouns-van Hecking Colenbrander,
courtesy Galerie Akinci, Amsterdam
S./p. 51

Rauten, traurig, 2005
Öl auf Leinwand / huile sur toile /
Oil on canvas, 150 x 120 cm
Private Collection, Geneva,
Switzerland, courtesy Galerie Skopia,
Genf, S./p. 53

Intérieur, 2003
Öl auf Leinwand / huile sur toile /
Oil on canvas, 200 x 250 cm
Collection Mr and Mrs Verschuuren,
The Netherlands, courtesy Galerie
Akinci, Amsterdam, S./pp. 54/55

O. T., 2004
Öl auf Leinwand / huile sur toile /
Oil on canvas, 50 x 65 cm
Collection privée, Genève, courtesy
Galerie Skopia, Genf, S./p. 56

Stille mit Rauten, 2005
Öl auf Leinwand / huile sur toile /
Oil on canvas, 80 x 100 cm
Privatsammlung Schweiz, courtesy
Galerie Skopia, Genf, S./p. 57

Arabesque, 2006
Öl auf Leinwand / huile sur toile /
Oil on canvas, 125 x 150 cm
Private collection, courtesy Galerie
Louis Carré & Cie, S./p. 58

Große Rauten, 2005
Öl auf Leinwand / huile sur toile /
Oil on canvas, 200 x 280 cm
Private Collection, Cologny, Schweiz,
courtesy Galerie Skopia, Genf
S./pp. 60/61

Lektüre, 2006
Öl auf Leinwand / huile sur toile /
Oil on canvas, 100 x 120 cm
Sammlung Dr. Heino Hermeking,
courtesy Galerie Rupert Pfab,
Düsseldorf, S./p. 62

Deux Pièces, 2006
Öl auf Leinwand / huile sur toile /
Oil on canvas, 120 x 160 cm
Private collection, courtesy Galerie
Louis Carré & Cie, S./p. 63

Petit tableau rouge, 2006
Öl auf Leinwand / huile sur toile /
Oil on canvas, 160 x 190 cm
Courtesy Galerie Louis Carré & Cie
S./p. 64

Rot Gelb, 2007
Öl auf Leinwand / huile sur toile /
Oil on canvas, 60 x 70cm
Pierre Henri Jaccaud, Prangin Schweiz
S./p. 65

Sitzbank, 2005
Öl auf Leinwand / huile sur toile /
Oil on canvas, 200 x 220 cm
Privatsammlung Schweiz, courtesy
Galerie Skopia, Genf, S./pp. 66/67

Ausstellung 3, 2003 *
Acrylfarbe auf Papier / peinture
acrylique sur papier / Acrylic on paper,
88,5 x 146,6 cm
Private Collection, courtesy Galerie
Skopia, Genf, S./p. 68

Ausstellung 4, 2003 *
Acrylfarbe auf Papier / peinture
acrylique sur papier / Acrylic on paper,
148 x 236 cm
Privatsammlung, Lausanne, courtesy
Galerie Skopia, Genf, S./p. 69

Kleines Gestell, 2007
Öl auf Leinwand / huile sur toile /
Oil on canvas, 40 x 50 cm
Courtesy the artist and Galerie Rupert
Pfab, Düsseldorf, S./p. 70

Science-Fiction, 2006
Öl auf Leinwand / huile sur toile /
Oil on canvas, 100 x 65 cm
Courtesy Galerie Louis Carré & Cie
S./p. 71

Stellage, 2002
Öl auf Leinwand / huile sur toile /
Oil on canvas, 200 x 300 cm
Collection de Frac des Pays de la Loire,
courtesy Galerie Skopia, Genf und
Galerie Louis Carré & Cie, Paris
S./pp. 72/73

Tréteau, 2006
Öl auf Leinwand / huile sur toile /
Oil on canvas, 150 x 200 cm
Courtesy Galerie Louis Carré & Cie
S./p. 74

Exposition, 2006
Öl auf Leinwand / huile sur toile /
Oil on canvas, 110 x 120 cm
Private collection, courtesy Galerie
Louis Carré & Cie, Paris
S./p. 74

Deux Fois, 2006
Öl auf Leinwand / huile sur toile /
Oil on canvas, 140 x 120 cm
Private collection, courtesy Galerie
Louis Carré & Cie
S./p. 75

O. T., 2007
Öl auf Leinwand / huile sur toile /
Oil on canvas, 120 x 160 cm
Private collection, courtesy Galerie
Skopia, Genf
S./p. 76

Koje, 2003
Öl auf Leinwand / huile sur toile /
Oil on canvas, 200 x 350 cm
Private collection, courtesy Galerie
Louis Carré & Cie
S./pp. 78/79

Minervastrasse, 2002
Öl auf Leinwand / huile sur toile /
Oil on canvas, 85 x 150 cm
Private Collection, Geneva, courtesy
Galerie Skopia, Genf
S./p. 80

Cimaise bleue, 2006
Öl auf Leinwand / huile sur toile /
Oil on canvas, 120 x 160 cm
Courtesy Galerie Louis Carré & Cie
S./p. 81

Ausstellung, 2003
Öl auf Leinwand / huile sur toile /
Oil on canvas, 200 x 300 cm
Privatsammlung Schweiz, courtesy
Galerie Skopia, Genf
S./pp. 82/83

Wandmalerei, 2002
Öl auf Leinwand / huile sur toile /
Oil on canvas, 75 x 100 cm
Collection Pierre Darier, Cologny,
Schweiz, courtesy Galerie Skopia,
Genf, S./p. 84

In diesem Bild..., 2003
Öl auf Leinwand / huile sur toile /
Oil on canvas, 200 x 220 cm
Sammlung Dr. Heino Hermeking,
courtesy Galerie Rupert Pfab,
Düsseldorf, S./p. 85

Kabinett der Bilder, 2004 **
Öl auf Leinwand / huile sur toile /
Oil on canvas, 250 x 360 cm
Aargauer Kunsthaus, Aarau, courtesy
Galerie Skopia, Genf
S./pp. 86/87

* Diese Arbeiten werden ausschließ-
lich in Herford und Nîmes gezeigt. /
*Ces œuvres sont présentées seulement à
Herford et à Nîmes.* / These works will be
on display only in Herford and Nimes.

** Diese Arbeiten werden ausschließ-
lich in Nîmes gezeigt. / *Ces œuvres sont
présentées seulement à Nîmes.* / These
works will be on display only in Nimes.

Im Katalog sind nicht alle Werke der
Ausstellung abgebildet. / *Le catalogue ne
reproduit pas toutes les œuvres de l'exposition.* / Not all works in the exhibition
are shown in the catalog.

Biografie / Biographie / Biography

Thomas Huber ist 1955 in Zürich geboren, lebt und arbeitet in Berlin. / *Né à Zurich en 1955, Thomas Huber vit et travaille à Berlin.* / Born in Zurich in 1955, Thomas Huber lives and works in Berlin.

Ausbildung / Formation / Education

1977-1978	Kunstgewerbeschule Basel
1979	Royal College of Art, London
1980-1983	Staatliche Kunstakademie Düsseldorf, Klasse Fritz Schwegler

Auszeichnungen und Preise / Prix et distinctions / Awards and prizes

1984	Kiefer-Hablitzel-Preis, Bern
	Auszeichnung der Stiftung Kunstfonds, Bonn
1987	Rheinbrücke-Preis, Basel
1989/90	Auszeichnung des Kulturkreises des Bundesverbandes Deutscher Industrie, BDI
1990	Neckermann-Reisestipendium (Ägypten)
1993	Kunstpreis der Stadt Zürich
	Kunstpreis Stadtsparkasse Düsseldorf
1995	Niedersächsischer Kunstpreis
1999	Art Multiple Preis, Düsseldorf
2004	Preis der Heitland Foundation

Lehre und andere Tätigkeiten / Enseignement et autres activités / Teaching and other occupations

1991-1999	Professor an der Hochschule für Bildende Künste in Braunschweig / *Professeur à l'École supérieure des beaux-arts de Braunschweig* / Professor at Braunschweig Academy of Visual Arts
1992	Temporäre Direktion des Centraal Museums Utrecht / *Directeur temporaire du Centraal Museum à Utrecht* / Interim Director of Centraal Museum Utrecht
2000-2002	Vorsitzender des Deutschen Künstlerbundes / *Président du Deutscher Künstlerbund* / Chairman of Deutscher Künstlerbund
2001	Künstlermuseum: Neueinrichtung der Schausammlung mit Bogomir Ecker / *Réorganisation avec Bogomir Ecker de l'exposition de la collection permanente,* / re-organization of the permanent collection on exhibition with Bogomir Ecker, Museum Kunst Palast, Düsseldorf

Werkkomplexe / Ensemble d'œuvres / Work Groups

1982	Rede über die Sintflut
	Rede zur Schöpfung
1983	Rede in der Schule
1984	Besuch im Atelier
1985/86	Das Hochzeitsfest
1986/87	Ein öffentliches Bad für Münster
1987	Wasser, Salz und Bilder
1988	Das Bilderlager / Opus
	Die Bibliothek
1989	Am Abend
1990	Die Post
	Familienbildnisse
1991	Bücher
1991/93	Die Bank
1993	Der Zwerg von Oiron
	Das Studio
1993/94	Ideale Bildtemperatur
1994	Meine Damen und Herren
1995	Die Ausstellung (Bildanschauung)
1995/96	Wandgemälde
1996	Bauvorhaben
	Der Schlaf (Bilder schlafen)
1997	Jakobs Traum
1998	Schauplatz
1999/2000	Glockenläuten
2000	Theater
2001	Halle
2003	Bibliothek Kunsthaus Aarau
2004	Kabinett der Bilder

2005	Art parade
2005	Bibliothek Arp Museum Bahnhof Rolandseck
2006	rauten traurig

Diese Werkkomplexe wurden seit den 80er Jahren in zahlreichen internationalen Einzel- und Gruppenausstellungen gezeigt. / *Ces ensembles d'œuvres ont été présentés dans différents pays lors de nombreuses expositions personnelles et collectives depuis les années 1980.* / This work groups have been on display in numerous international solo shows and group exhibitions ever since the 1980s.

Einzelpräsentationen ab 2004 / Expositions personnelles depuis 2004 / Solo Shows since 2004

2004	„Das Kabinett der Bilder" (Retrospektive / *rétrospective* / retrospective), Aargauer Kunsthaus, Aarau „Sonnez les matines", Maison de la culture, Amiens „Das Kabinett der Bilder" (Retrospektive / *rétrospective* / retrospective), Museum Boijmans Van Beuningen, Rotterdam
2005	„Das Kabinett der Bilder" (Retrospektive / *rétrospective* / retrospective), Kaiser Wilhelm Museum und / *et* / and Haus Lange, Krefeld „Preis der Heitland Foundation", Celler Schloss, Celle Neugestaltung der Bibliothek / *Nouvelle conception de la bibliothèque* / Re-design for the library, Arp Museum Bahnhof Rolandseck, Remagen „La langueur des losanges", Galerie Skopia, Genf „Sonnez les matines", Frac des Pays de la Loire, Carquefou
2006	„Science-Fiction", Galerie Louis Carré, Paris

	„Aquarelle", Kunstforum Bâloise, Basel
2007	„Jurten", Eröffnung des Kunst-am-Bau Projekts auf dem / *Inauguration du projet d'art public* / opening of the art for architecture projects at Areal des Inselspitals, Bern Galerie Rupert Pfab, Düsseldorf
2008	„Laudatio" mit / *avec* / with Barbara Köhler, Heine Haus, Düsseldorf
2008/2009	Ausstellungstournee / *exposition itinérante* / touring-exhibition „Thomas Huber. rauten traurig" / « *Thomas Huber. la langueur des losanges* » / "Thomas Huber. sad facets", Marta Herford, Carré d'Art – Musée d'art contemporain de Nîmes und / *et* / and Kunsthalle Tübingen

Thomas Huber hielt dazu Reden, die unter dem entsprechenden Titel als Publikationen erschienen sind. Die Werke von Thomas Huber – darunter auch Werke in öffentlich zugänglichen Bauten – sind in bedeutenden, internationalen Sammlungen vertreten. / *Les conférences données par Thomas Huber sur ses ensembles d'œuvres sont publiées sous le même titre que ceux-ci. Les œuvres de Thomas Huber – dont certaines se trouvent dans des bâtiments publics – sont représentées dans plusieurs grandes collections internationales.* / Thomas Huber has lectured on these topics, and these texts have appeared as essays under the respective title. Thomas Huber's works, and they include works in publicly accessible buildings, are also included in major international collections.

Eine ausführliche Biografie und Bibliografie finden Sie auf der Website unter www.huberville.de. / *Vous trouverez une biographie et une bibliographie complètes sur le site www.huberville.de.* / Please visit the www.huberville.de Website for an extensive biography and bibliography of his work.

Impressum / Colophon / Imprint

Diese Publikation erscheint zur Wanderausstellung: / *Ce catalogue est publié à l'occasion de l'exposition itinérante* : / This catalog is published in conjunction with the touring exhibition:

Thomas Huber. rauten traurig
Thomas Huber. la langueur des losanges
Thomas Huber. sad facets

Marta Herford,
16. August – 5. Oktober 2008 / *16 août – 5 octobre 2008* /
August 16 – October 5, 2008

Carré d'Art – Musée d'art contemporain de Nîmes,
22. Oktober 2008 – 4. Januar 2009 / *22 octobre 2008 – 4 janvier 2009* /
October 22, 2008 – January 4, 2009

Kunsthalle Tübingen,
17. Januar – 19. April 2009 / *17 janvier – 19 avril 2009* /
January 17 – April 19, 2009

Die Ausstellung entstand nach einer Idee von Thomas Huber in Kooperation mit den beteiligten Museen. / *Cette exposition est née d'une idée de Thomas Huber en collaboration avec les musées participants.* / The exhibition was the result of an idea by Thomas Huber in collaboration with the participating museums.

Katalog / Catalogue / Catalog

Herausgeber / *Publié par* / Editors:
Marta Herford,
Carré d'Art – Musée d'art contemporain de Nîmes,
Kunsthalle Tübingen

Redaktion / *Rédaction* / Editorial staff: Thomas Huber, Friederike Fast, Beate Klompmaker

Gestaltung / *Conception* / Design: Claudia Ott, Düsseldorf

Lektorat / *Secrétariat de rédaction* / Proofreading: Friederike Fast, Delphine Verrières

Übersetzungen / *Traductions* / Translations:
Jeremy Gaines, Yves Rosset, Katia Schwerzmann

Schriften / *Caractères typographiques* / Fonts:
Lexicon No 2, Grotesque Display MT

Papier / *Papier* / Paper:
GardaPat 13 Kiara, Vol 1.3, 135 g/qm

Gesamtherstellung / *Éditeur et production générale* /
Publisher and over all production:

Kerber Verlag, Bielefeld
Windelsbleicher Str. 166-170, 33659 Bielefeld, Germany
Tel. +49 (0)521 95 008-10, Fax +49 (0)521 95 00 8-88
info@kerberverlag.com, www.kerberverlag.com

Kerber, US distribution
D. A. P., Distributed Art Publishers Inc.
155 Sixth Avenue 2nd Floor
New York, N.Y. 10013
Tel. 001 212 627-1999, Fax 001 212 627-9484

Die Deutsche Nationalbibliothek verzeichnet diese Publikation in der Deutschen Nationalbibliografie; detaillierte bibliografische Daten sind im Internet über http://dnb.ddb.de abrufbar. / *La Bibliothèque nationale allemande (Deutsche Nationalbibliothek) enregistre cette publication dans la Bibliographie nationale allemande (Deutsche Nationalbibliografie) ; les données bibliographiques détaillées peuvent être consultées sur Internet à l'adresse : http://dnb.ddb.de.* / The Deutsche Nationalbibliothek holds a record of this publication in the Deutsche Nationalbibliografie; detailed bibliographical data can be found under: http://dnb.ddb.de.

ISBN 978-3-86678-196-2
Printed in Germany

Danksagung / Remerciements / Acknowledgements

Wir danken Thomas Huber und Wolfgang Ullrich für die freundliche Kooperation und allen Sponsoren für ihre Unterstützung.
Unser herzlicher Dank gilt außerdem allen Leihgebern, die ihre
Werke für die gesamte Dauer der Ausstellung zur Verfügung
gestellt haben.
Darüber hinaus richtet Thomas Huber seinen persönlichen Dank
an Barbara Köhler und Justus Mandellaub für die Beratung bei
der Titelgebung.
Für die tatkräftige Unterstützung bedanken wir uns herzlich
bei den Galerien Skopia / Genf (www.skopia.ch), Rupert Pfab /
Düsseldorf (www.galerie-pfab.com), Louis Carré & Cie / Paris
(www.louiscarre.fr), und Akinci / Amsterdam (www.akinci.nl).
Unser besonderer Dank geht an den Ministerpräsidenten des
Landes Nordrhein-Westfalen und an die Pro Helvetia – Schweizer
Kulturstiftung – für die großzügige Förderung dieses Projektes,
ohne die die Ausstellung in dieser Form nicht zustande
gekommen wäre.

*Nous remercions Thomas Huber et Wolfgang Ullrich de leur
amicale collaboration et tous les sponsors pour leurs soutiens. Nous tenons
aussi à remercier chaleureusement les collectionneurs qui nous ont prêté leurs
œuvres pour la durée de toute l'exposition.
Thomas Huber tient également à remercier personnellement Barbara Köhler
et Justus Mandellaub pour leurs conseils lors du choix du titre.
Nous remercions les galeries Skopia / Genève (www.skopia.ch),
Rupert Pfab / Düsseldorf (www.galerie-pfab.com), Louis Carré / Paris
(www.louiscarre.fr) et Akinci / Amsterdam (www.akinci.nl)
de leur soutien actif.
Nous aimerions enfin remercier en particulier le Ministre-Président du Land
de Rhénanie du Nord-Westphalie et Pro Helvetia, la Fondation suisse pour
la culture, de leur aide généreuse, sans laquelle cette exposition n'aurait
jamais pu voir le jour sous cette forme.*

We would like to thank Thomas Huber and Wolfgang Ullrich for
their friendly collaboration and all our sponsors for their support.
Our cordial thanks also goes of course to everyone who has lent us
works for the entire duration of the exhibitions.
Furthermore, Thomas Huber would like to personally thank
Barbara Köhler and Justus Mandellaub for their advice on the
titles.
We are most grateful to the following galleries for their support:
Galerie Skopia / Geneva (www.skopia.ch), Rupert Pfab / Düsseldorf
(www.galerie-pfab.com), Louis Carré & Cie / Paris
(www.louiscarre.fr) and Akinci / Amsterdam (www.akinci.nl).
Our special thanks goes to the Minister President of the State of
North Rhine-Westphalia and to the Pro Helvetia – Schweizer
Kulturstiftung – for their generous support for the project,
without which this exhibition would simply not have been
possible in its present form.

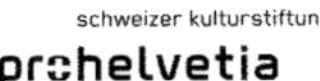
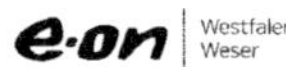
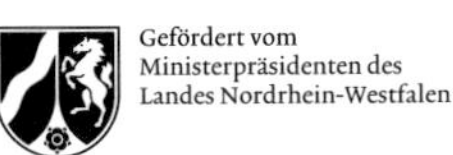
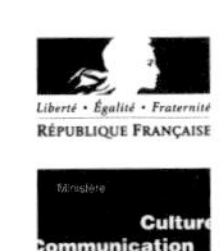
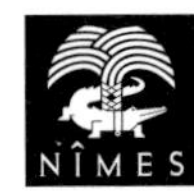
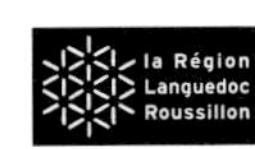
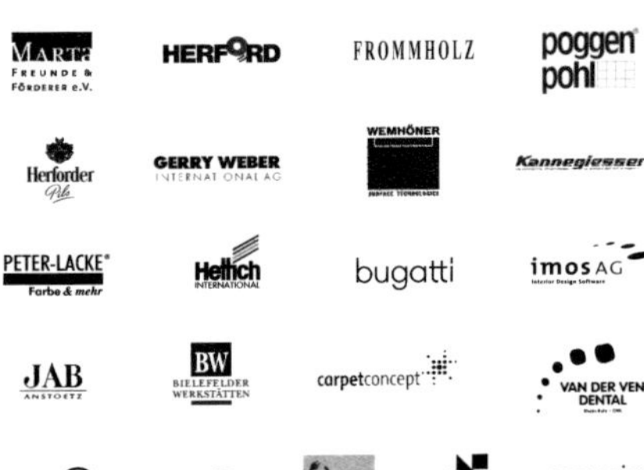

Medienpartner / Partenaires médias / Media Partners:

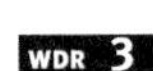
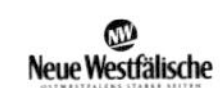